평화와 법

07
서울대학교
통일평화연구원
평화교실

평화와 법

이효원 지음

평화 담론의 대중적 확산을 기대하며

서울대학교 통일평화연구원에서는 한국연구재단 HK(인문한
국) 사업의 일환으로 한반도발 평화인문학을 정립하는 연구를
하고 있습니다. 인류의 희망이라 해도 과언이 아닐 평화에 대해
다양한 분야의 연구자들이 함께 학제적이고 융합적으로 연구함
으로써, 평화를 새로운 문명의 중심축으로 삼는 작업입니다.

특히 남·북간에 서로를 겁박하고 전쟁 위협에 시달리면서도
통일과 평화를 지향하는 모순이 공존하는 한반도는 세계가 공
감할 만한 평화론을 다질 수 있는 최적의 실험실입니다. 한반도
는 동양의 깊은 정신문화와 서양의 기술문명 및 근대적 세계관
이 만나고 있는 공간이라는 점에서 더욱 그렇습니다. 이러한 한
반도적 상황에서 세상이 왜 폭력으로 점철되고 있는지 그 조건
과 원인을 분석하고, 갈등을 줄여 평화로 나아가는 길에 대해 상
상하며, 평화를 문화적 차원으로까지 심화시키는 작업은 너무나
절실하고 의미 있는 과제가 아닐 수 없습니다.

이러한 문제의식을 가지고 다양한 차원에서 더 많은 이가 공감할 수 있을 따뜻한 메시지를 담은 연작 책『평화교실』을 순차적으로 출판하고자 합니다. 왜 폭력적인 상황이 지속되는지, 평화란 무엇이고, 평화 연구와 실천은 어떻게 해야 하는지, 학문적 깊이와 대중적 공감을 조화시켜서, 더 많은 이들과 평화 생각과 평화 감성을 나누고자 합니다. 평화에 대해 상상하는 이들이 많아질수록 평화는 좀 더 구체적인 모습을 드러낼 수 있기 때문입니다.

평화로운 문명을 건설하려는 시도보다 더 절실하고 심원하며 장기적인 과제가 또 있을까요.『평화교실』이 평화에 인간의 얼굴을 입히고, 우리 사회를 평화로운 삶으로까지 이어주는 작은 징검다리가 되었으면 좋겠습니다. "평화를 원한다면 평화를 준비하라(Si vis pacem, para pacem)."는 평화학의 슬로건을 되새겨야 할 때입니다.

서울대학교 통일평화연구원장 임경훈

평화란 평온하고 화목한 상태를 말합니다. 분쟁이나 갈등이 없어야 가능합니다. 한편, 법은 다양한 생각과 생활 방식이 공존하는 기술입니다. 법은 분쟁이나 갈등을 전제로 합니다. 평화가 있으면 법이 필요 없고, 법이 요구되는 상황은 평화롭지 않습니다. '평화'와 '법'은 공존할 수가 없고, '평화로운 법적 상태'란 형용모순이기도 합니다. 공부를 업으로 하는 저에게 '평화'와 '법'은 토대이자 화두입니다. 이 글을 쓰기 시작하면서 '평화'와 '법'은 주체할 수 없는 욕망처럼 언제나 내 삶을 지배하였다는 사실을 깨달았습니다. 하지만, 처음으로 '평화'와 '법'이 아닌, '평화와 법'을 고민할 수 있었습니다.

대한민국 헌법은 개인 모두가 인간으로서의 존엄과 가치를 가지고, 자유롭고 평등하게 자신이 생각하는 행복을 추구할 수 있는 국가공동체를 지향합니다. 평화 없이 그런 대한민국을 만들 수가 없습니다. 평화는 대한민국의 헌법적 가치입니다. 대한민국은 1948년 헌법을 제정할 때부터 평화를 헌법원리로 채택하였고, 현행헌법은 '국제평화의 유지'와 '조국의 평화적 통일'을 특별히 강조하고 있습니다.

법은 평화를 실현하는 강력한 수단인 동시에 평화 실현의 방법을 규범적으로 통제하는 장치입니다. 평화는 법의 목적이자 법이 존재하는 본질적 조건입니다. 또한, 평화와 법은 공통의 목적을 지향합니다. 평화와 법은 선후(先後)나 인과(因果)로 관계하지 않고, 상관(相關)으로 관계합니다. 즉, 상호 의존적이며 선순환적 작용을 통해 서로에게 의미를 부여한다는 것입니다. 법이 없는 평화는 공허하고, 평화가 없는 법은 무의미하다고 표현할 수도 있습니다.

이 책은 서울대학교 통일평화연구원 HK평화인문학연구단이 평화학(平和學)의 사회적 확산을 위해 기획한 시리즈의 일환으로 만들어졌습니다. 평화와 법에 대해 고민하고 글을 쓸 기회를 주신 통일평화연구원과 〈평화교실〉 시리즈를 기획해 주신 이찬수 교수님께 깊이 감사드립니다. 이 글의 일부분은 제가 헌법과 통일법을 연구하면서 발표한 저서와 논문에서 인용하였다는 것도 밝힙니다. 이 땅에 오지 않을지도 모를, '평화로운 법적 상태'를 희망합니다.

2018년 7월 이효원

차례   평화와 법

제1장

평화학과 법

1. 평화와 평화학

평화란 무엇인가. 평화의 개념을 확정하기는 쉽지 않다. 평화란 사전적으로 '평온하고 화목함'이다. 하지만, 그 정의는 순환논법에서 벗어날 수가 없다. '평온'과 '화목'의 뜻을 확정해야 하고, 이는 평화의 의미를 반복하는 것에 불과할 수도 있기 때문이다. 그래서 일반적으로 평화란 '폭력이 없는 상태'라고 소극적으로 설명한다. 그럼에도 평화의 개념은 여전히 어렵다. '폭력'이란 것도 평화만큼 확정하기 어려운 개념이기 때문이다.

문제는 이것만이 아니다. 인간은 누구나 평화로운 삶을 살고자 한다. 하지만, 평화는 개인의 주관적 감정에 기초하는 경우가 많다. 동일한 조건과 상황이라도 사람에 따라 평화가 될 수도 있고 그렇지 않을 수도 있다. 또한, 인간은 다른 사람과 비교하여 평화를 상대적으로 인식하기도 한다. 즉, 자기가 폭력적인 상태에 있어 평화롭지 않다고 생각하다가도 더 폭력적인 상태에 놓여 있는 다른 사람을 보면 자기의 상황을 평화롭게 느끼기도 한다. 물론, 반대의 경우도 있다.

　어쩌면 인간세계에 절대적인 평화란 불가능한 것인지도 모른다. 인간은 누구나 각자의 생각과 생존방식을 가지고 있다. 하지만, 인간은 정치적 동물이고 사회적 존재이다. 인간의 본성을 고려할 때 인간세계에 폭력이 없거나 폭력의 잠재적 가능성이 없는 상태는 도무지 존재할 수 없는 것이라고 생각할 수도 있다. 평화란 일시적으로 폭력 또는 폭력의 잠재적 가능성이 부재하다고 느끼는 착각이라는 것이다. 상당히 설득력이 있는 말이다. 하지만, 그렇다고 평화를 포기할 수는 없다. 평화의 개념을 확정하기 어렵다고 해서 이를 포기해서도 안 된다. 평화의 개념을 확정하지 않고서는 평화에 대해 말할 수가 없기 때문이다.

　폭력의 부재가 평화인가 하는 의문도 든다. 폭력이 없더라도 여전히 평화롭지 않은 상태가 많기 때문이다. 엄격하게 말하면, 평화란 폭력의 부재가 아니라 비평화의 부재라고 해야 한다. 그러나 이는 다시 순환논법으로 회귀하는 것이며, 평화를 정의하기를 포기하는 것이다.

　최근에는 평화를 달성하는 문제를 전문적으로 연구하는 것이 독자적인 학문분야로 자리 잡고 있다. 바로 평화학이다. 평화학에서도 평화가 무엇인지를 확정해야 하고, 이것 역시 어려운 작업이다. 평화학은 인간을 대상으로 하며, 인간의 평화를 추구한다. 따라서 평화학은 인간이라는 보편성을 전제로 하면서도 개인의 고유한 독자성을 인정한다. 평화학은 인간의 가치를 지향한다는 점에서 규범적이며, 그 가치의 상대성을 수용한다는 점에서 개방적이다.

평화학은 그 대상을 더욱 확장하고 있다. 평화의 범주에 인간만 포함되는 것이 아니다. 인간은 자연의 일부이며, 자연의 질서가 파괴되면 인간은 평화로울 수가 없다. 인간과 자연의 평화를 지향하는 생태평화 또는 녹색평화도 평화학의 대상이 되어야 한다. 평화학은 그 연구대상이 확장되면서 학제간 연구가 더욱 요구되고 있다. 이때에는 언어가 통일적으로 사용되어야 한다. 학문분야마다 같은 언어를 서로 다른 의미로 사용하면 연구가 정합적일 수가 없다.

평화학에서는 '평화란 전쟁과 같은 물리적 폭력은 물론, 억압적 정치시스템에 따른 구조적 폭력, 나아가 성차별이나 생태적 차별과 같은 문화적 폭력마저 없는 상태'라고 정의하기도 한다. 이때 폭력이란 전쟁 등과 같은 물리적 폭력만 의미하는 것이 아니다. 폭력이 현실적으로 발생하지 않더라도 사회적으로 구조화되거나 내면적으로 문화화되어 잠재적 가능성으로 존재하는 것도 포함한다. 바람직한 일이다. 물리적 폭력보다 구조적 폭력과 문화적 폭력이 훨씬 더 위험하고 무서운 것이기 때문이다.

모든 인간은 사회적 존재로서 그 고유한 존엄과 가치를 가지고 자유롭고 평등하게 자신이 생각하는 행복을 추구하면서 살 수 있는 세계를 지향한다. 설사 그것이 불가능하더라도 가치 있는 일이라면 추구해야 한다. 평화학은 이러한 평화세계를 만드는 것을 목표로 하는 학문이다. 학문을 한다는 것은 가능한 것만을 손쉽게 달성하는 방법을 궁구하는 것이 아니다. 오히려 불가능해 보이지만, 그럼에도 불구하고, 추구해야 할 인간세계의 가치를 찾아나서는 실천적 작업이다.

2. 평화를 위한 법

평화학에서 법은 무엇인가. 평화학은 인간의 가치를 지향한다는 점에서 규범적이며, 폭력에 반대한다는 지점에서 법과 연결고리를 발견할 수 있다.

평화학에서의 법의 의미는 다음과 같은 세 가지의 관점에서 이해할 수 있다.

첫째, 평화와 법은 공통의 목적을 지향한다. 평화는 그 자체가 목적이 되기도 하지만, 궁극적으로는 인간의 행복을 실현하기 위한 기본적인 조건이 된다. 모든 인간이 사회적 존재로서 그 고유한 존엄과 가치를 가지고 자유롭고 평등하게 자신이 생각하는 행복을 추구하면서 살 수 있는 세계를 지향한다. 바로 법이 지향하는 세계이기도 하다.

일반적으로 법은 정의를 실현하는 수단이고, 정의는 법이 추구하는 목적이라고 한다. 정의란 사전적으로는 '진리에 맞는 올바른 도리'라고 한다. 정의와 진리도 평화만큼 확정하기 어려운 개념이다. 일반적으로 정의란 '세계질서 내에서 모든 사물에게 그에 걸맞는 올바른 자리를 배정하는 능력과 의지'를 의미한다. 정의의 실현을 위해 가장 중요한 것은 공정함이다. 법은 정의를 실현하는 것을 지향하며, 정의의 실현은 평화의 기본조건이다.

둘째, 법은 평화를 실현하는 강력한 수단이다. 법은 폭력을 없애거나 줄이는 수단이다. 인간세계에서 평화가 실현되기 위해서는 사회적 합의와 제도적 장치가 필수적이다. 즉, 폭력을 없애거나 줄이기 위해서는 구성원들이 소통하고, 방법과 절차를 사회적으로 합의해야 한다. 그리고 이러한 합의를 실천하는 제도적 장치가 마련되어야 한다. 법은 사회의 구성원들이 가치와 이해관계에 대해 소통하고, 형량과 조정을 통해 합의한 결과물이다. 이와 동시에 그 합의를 실천하도록 강제하는 제도적 장치이다.

법은 국가권력에 의해 강제되는 사회규범이다. 법은 도덕이나 윤리와 달리 국가권력을 전제로 하고, 국가권력에 강제력을 부여하는 규범이다. 인간세계에서 폭력을 제거하거나 줄이는 것은 매우 어렵다. 인간의 본성이나 도덕과 윤리에만 의존해서는 이를 실현할 수가 없다. 평화를 위한 사회적 합의가 형성되더라도 이를 실천하기 위해서는 국가권력에 의해 강제되는 규범, 즉 법이 필요하다. 또 평화를 실현하였다고 하더라도 이를 폭력으로부터 보호하고 안정적으로 유지하기 위해서는 법이 필수적으로 요구된다. 요컨대, 법은 평화를 실현하고 유지시키는 강력한 수단이자 그 핵심적 요소이다.

셋째, 법은 평화를 한계지우는 통제장치이다. 평화는 가치를 지향하고, 그 가치는 상대적이다. 평화가 지향하는 가치는 인간이 존엄과 가치를 가지고 자유롭고 평등하게 자신의 행복을 추구할 수 있는 세계를 만드는 것이다. 하지만, 그 구체적인 내용과 이를 실현하는 방법은 개인마다 다르고 상대적이다. 평화적으로 보이는 것도 법적 이념에 부합되지 않으면 안 된다. 평화의 내용과 이를 실현하는 절차는 법적 이념에 의해 허용되는 경우에만 정당화될 수 있다.

라드부르흐는 법의 이념으로 정의, 합목적성, 법적 안정성을 제시하였다. 하지만, 법은 인간을 위해 존재하는 것이지, 인간이 법을 위해 존재하는 것은 아니다. 법의 궁극적 이념은 인간이 존엄과 가치를 실현하는 것이다. 폭력을 없애거나 줄이는 것이 법의 이념에 부합하는 경우에만 진짜 평화인 것이다. 현실적으로 드러난 물리적 폭력만이 아니라 잠재적 가능성으로 존재하는 폭력을 없애거나 줄이는 것이 평화의 내용에 포함되어야 한다. 이것이 법의 이념에도 부합하는 것이기 때문이다.

평화를 실현하는 수단은 다양하다. 하지만, 평화를 실현하는 방법과 절차도 법의 이념에 부합해야 한다. 폭력을 없애거나 줄이는 것이 적법 절차를 위반할 수는 없다. 법은 폭력적인 방법과 절차를 허용하지 않는다. 폭력적인 방법과 절차에 의해 폭력을 없애거나 줄이는 것은 비록 평화를 지향하는 목적에 부합하더라도 허용되지 않는다. 그것은 법의 이념에 위반되기 때문이다.

3. 평화의 법적 의미

이상에서 평화에서의 법의 의미와 역할을 알아보았다. 이제 관점을 바꾸어 법에 있어서 평화의 의미는 무엇인지 살펴보자. 법이란 서로 다른 생각과 생활방식이 공존하는 기술이다. 국가 공동체에 존재하는 다양한 가치와 이해관계를 조정하여 합의한 사항을 체계화한 것이다. 다양한 가치와 이해관계가 대립하는 곳에는 폭력이 발생하기 쉽고, 폭력이 있는 곳에서는 다양한 가치와 이해관계가 공존할 수가 없다.

법에서 평화의 의미는 평화와 법이 공통의 목적을 지향한다는 것 이외에도 다음과 같은 세 가지 관점에서 이해할 수 있다.

첫째, 평화는 법의 목적이다. 법의 궁극적 이념은 인간이 존엄과 가치를 가지고 자유롭고 평등하게 자신의 행복을 추구할 수 있는 국가공동체를 만드는 것이다. 법이 이러한 이념을 실현하기 위해서는 평화, 즉 폭력이 없는 상태가 전제되어야 한다. 평화와 법은 공통의 목적을 지향하지만, 그 과정에서 평화는 법의 목적이 되는 것이다.

평화는 법의 목적이 되지만, 법이 평화의 목적이 되는 것은 아니다. 그렇다면, 평화는 법의 정당성을 평가하는 심사기준이 될 수 있다. 즉, 평화에 부합하는 법은 정당한 법이고, 평화에 위반되는 법은 정당한 법이 아닌 것이다. 과거에는 '악법도 법이다'라는 격언이 통하였지만, 이제는 아니다. 악법은 법이 아니게 되었다. 헌법재판소는 국회가 제정한 법률을 심사하여 악법은 그 효력을 박탈할 수 있다. 악법인지 여부를 심사하는 기준은 헌법이고, 우리 헌법은 평화를 헌법적 가치로 규정하였다. 이때 헌법도 법이고, 악법에는 헌법도 포함될 수 있다는 것을 유의해야 한다. 따라서 평화에 위반되는 헌법은 정당한 법이 아닌 것이다. 다만, 헌법을 무효화하는 제도는 마련되어 있지 않다.

둘째, 평화는 법이 존재하는 조건이다. 법은 국가를 전제로 하고, 국가권력에게 강제력을 부여한다. 이것이 다른 규범과 다른 점이다. 법은 자신이 폭력에 의해 침해되지 않도록 스스로 예방적 조치를 마련하고 있다. 하지만, 법의 본질적인 특성은 법이 침해되었을 때 국가권력에 의해 강제적으로 정상적인 상태를 회복할 수 있다는 것이다. 법 자신이 폭력에 의해 침해된 경우에는 스스로 이를 바로잡을 수 있는 권력을 국가에 부여하고 있다.

모든 인간은 사회적 존재로서 그 고유한 존엄과 가치를 가지고 자유롭고 평등하게 자신이 생각하는 행복을 추구하면서 살 수 있는 세계를 지향한다. 설사 그것이 불가능하더라도 가치 있는 일이라면 추구해야 한다. 평화학은 이러한 평화세계를 만드는 것을 목표로 하는 학문이다. 학문을 한다는 것은 가능한 것만을 손쉽게 달성하는 방법을 궁구하는 것이 아니다. 오히려 불가능해 보이지만, 그럼에도 불구하고, 추구해야 할 인간세계의 가치를 찾아나서는 실천적 작업이다.

권력이란 자신의 의지를 타자의 의사에 반하여 관철시킬 수 있는 힘이다. 타자의 입장에서 권력은 본질적으로 폭력적이다. 현대사회에서 가장 막강한 권력이 국가권력이다. 국가는 법을 통해 자신의 권력을 행사한다. 법은 본질적으로 폭력적인 속성을 가진 권력을 행사하는 수단인 것이다. 이러한 법은 평화를 조건으로 해서만 존재한다. 국가가 가장 강력한 권력을 가지고 법을 수단으로 하여 평화를 유지하는 것이 법치국가이다. 이러한 모순이 정당화되는 것은 법이 평화를 조건으로 존재하고 기능하기 때문이다. 디터 젱하스가 국가만이 공적 권위를 가지고 권력을 독점하여 사적 폭력을 통제해야 한다고 주장하는 것도 이와 서로 통한다.

　라드부르흐가 법의 이념으로 제시한 법적 안정성이란 인간이 법에 따라 안심하고 생활할 수 있는 상태를 말한다. 이것은 법에 의한 안정만을 의미하는 것이 아니라 법 자체의 안정을 의미한다. 법 자체에 안정성이 있어야 한다는 것도 평화를 조건으로 하여 존재하는 법이어야 한다는 것이다. 법은 폭력적 속성을 가지지만, 그것이 폭력을 행사하는 도구가 되는 경우에는 법으로 인정될 수 없다. 현대 법치국가는 'rule by law(법에 의한 지배)'가 아니라 'rule of law(법의 지배)'로 이해해야 한다. 결국, 평화란 법이 존재하는 이유이자 지향하는 목표인 동시에 법이 제대로 기능하기 위한 필요조건이기도 하다.

셋째, 법적 평화는 법에 의해 그 의미가 변용될 수 있다. 법에서의 평화는 평화의 보편적 개념을 전제로 하면서도 법학에서의 개별적 특성을 고려하여 이해해야 한다. 법에서의 평화란 일반적인 평균인이 폭력이 없는 상태 또는 폭력을 줄이는 과정으로 수용하는 법감정이다. 이때 평화나 폭력은 개인의 주관적인 감정에만 의존하여 판단해서는 안 된다.

법은 규범학의 대상이고, 규범에는 구성원들 사이에 공유하고 수용하는 가치가 있어야 한다. 즉, 법적 평화란 개인의 주관적인 판단에 의해서 인정되는 것이 아니라 최소한의 객관적인 지표에 의해 평화가 아닌 상태와 구별할 수 있어야 한다. 법의 영역에서 평화의 개념을 확정하고 그 내용과 범위를 결정할 때에는 이러한 점을 유의해야 한다. 어떤 것이 폭력이냐 아니냐, 또는 평화냐 아니냐를 판단함에 있어서는 법적 개념에 의해 그 범위가 보다 제한될 수 있다.

평화와 법은 서로 의존적인 상관관계에 있다. 평화와 법은 공통된 목적을 지향한다. 법은 평화를 실현하는 강력한 수단인 동시에 평화의 내용과 절차를 한계지우는 통제장치이다. 한편, 평화는 그 자체가 법의 목적이며, 법이 존재하는 조건이다. 다만, 법적 평화는 법의 이념에 의해 그 의미가 변용될 수 있다. 결국, 평화와 법은 동전의 양면이라고 할 수 있으며, 상호 의존적이고 선순환적 작용을 통해 서로에게 의미를 부여한다. 법이 없는 평화는 공허하고, 평화가 없는 법은 무의미하다고 표현할 수도 있다.

제2장

법치국가와 평화

1. 법치란 무엇인가

법치란 사전적으로는 '법에 의한 지배'를 말한다. '사람에 의한 지배', 즉 인치(人治)가 아니라는 것이다. 인간은 오랫동안 왕이 지배하는 세계에서 살았다. 그런데 평화의 문제에서 인간은 믿을 수가 없다. 인간은 누구나 자기를 보존하고 확장하려는 욕망을 갖고 있기 때문이다. 대부분의 왕은 자신의 권력 확장을 위해 타인을 폭력적으로 지배하였다. 또한, 왕은 자신의 권력을 보존하고 확장하기 위해 자식에게 왕의 자리를 물려주게 된다. 설사 어쩌다가 훌륭한 왕이 나온다고 하여도 그 아들, 그 아들의 아들도 훌륭한 왕이 된다는 보장이 없다. 개인의 삶이 어떤 왕을 만나느냐에 의존하게 된다. 인치는 불안하다. 개인의 삶은 폭력적 지배에 시달리거나 폭력의 잠재적 가능성에서 벗어날 수가 없다.

모든 인간이 평화롭게 살아가는 세계가 되기 위해서는 인치를 포기해야 한다. 인간이 자신의 자유와 권리를 안정적으로 보장받고 행복하게 살아가기 위해서는 사람의 지배가 아닌, 법의 지배가 필요하다는 것이 점차 확립되었다. 법은 국가공동체를 전제로 한다. 국가는 특정한 정치적 이념을 실현하기 위한 조직이며, 국가를 유지하기 위해 권력을 행사하는 것이 정당화된다. 국가권력은 사람에 의한 지배든지 법에 의한 지배든지 폭력적인 속성을 가진다. 법치국가란 인간에 의한 지배를 배제하고, 법에 의한 지배를 선택한 국가이다. 이는 인간에 대한 불신을 전제로 하고 있어 최선이 아니라 차악인 셈이다. 법치는 자의적이고 폭력적 지배를 배제하고, 국민의 의사에 따라 제정된 법에 의한 이성적 지배를 요구하는 통치원리라고 할 수 있다.

아리스토텔레스는 삶의 목적은 행복이고, 행복은 사적 영역인 가족의 오이코스(Oikos)와 공적 영역인 국가의 폴리스(Polis)가 조화로울 때 가능하다고 하였다. 그는 자유인이 자유인을 지배하는 '정치적 지배'와 자유인이 노예를 지배하는 '전제적 지배'를 구분하였다. 정치적 지배는 이성적 본성에 기초하므로 법에 의한 통치인 폴리테이아, 즉 국가가 되어야 한다고 주장하였다.

법치가 평화를 실현하는 통치원리가 되기 위해서는 법이 폭력적이어서는 안 된다. 법치는 국가에게 권한을 부여하고 정치권력을 실현하는 장치이다. 이때 법치는 폭력적 속성을 드러내므로 'rule by law(법에 의한 지배)'로 이해된다. 법치는 법에 의한 지배, 즉 국가권력은 반드시 법에 의해 행사되어야 한다는 의미에서 국가권력을 통제하는 제도적 장치이다. 이때 법치는 국가권력의 폭력을 규율하고 통제하는 기능을 하므로 'rule of law(법의 지배)'로 이해된다.

2. 법치국가의 조건

법치국가는 국민의 자유와 권리를 보장하는 것을 이념으로 하고, 국가권력의 자의적 행사를 금지하는 것을 본질로 한다. 우리 헌법은 법치에 대해 직접 규정하지는 않았다. 하지만, 헌법재판소와 대법원은 판례를 통해 법치를 헌법의 기본원리라고 명확하게 선언하였다. 법치가 제대로 작동하기 위해서는 네 가지 요건이 필요하다.

첫째, 법은 주권자인 국민을 대표하는 기관, 즉 국회에 의해 제정되어야 한다. 이를 통해 민주적 정당성이 확보된다. 현대 민주국가는 국민주권주의에 기초하고 있다. 이는 국가공동체의 향방에 관한 최고결정권이 국민에게 있다는 것이다. 주권은 국가공동체의 의사를 결정하는 최고의 정치권력이다. 국민은 국가공동체의 구성원으로 주권자인 동시에 국가의 통치권이 미치는 대상이 된다. 국민은 국가를 전제로 하는 법적 개념이며, 민족, 인종, 시민 등과 구별된다.

국민이 주권을 행사하는 방식에는 두 가지가 있다. 직접민주주의와 대의제가 그것이다. 전자는 국민이 직접 주권을 행사하여 국가 의사를 결정하는 방식이다. 후자는 국민이 대표자만 선출하고, 그 대표자가 주권을 행사하여 국가 의사를 결정하는 방식이다. 헌법은 제1조 제1항에서 "대한민국은 민주공화국이다"라고, 제2항에서 "대한민국의 주권은 국민에게 있고, 모든 권력은 국민으로부터 나온다"라고 각각 규정하고 있다.

이때 국민으로부터 나온 권력은 어디로 가는 것일까. 국민으로부터 나온 권력은 국가권력이고, 이것은 입법권, 행정권, 사법권으로 나뉘어 국회, 정부, 법원과 헌법재판소로 가는 것이다. 주권자인 국민은 국가기관에게 권력을 부여하였으며, 국가기관은 국가권력을 행사하면서 국민의 기본권을 보장하는 것이다. 헌법 제40조는 "입법권은 국회에 속한다"라고 규정하여 국민의 대표기관인 국회에게 법률을 제정할 권한을 부여하고 있다.

둘째, 국가권력은 분립되어야 한다. 권력 분립의 원칙은 국가권력을 분립하여 각각 다른 기관에 부여해야 한다는 것이다. 이는 국민이 부여한 국가권력을 정의롭고 효율적으로 행사하기 위하여 국가기관을 구성하고 운용하는 헌법 원칙이다. 대한민국은 국민주권을 행사하는 방식으로 대의제를 원칙으로 채택하였다.

대의제도는 주권자인 국민보다 현명한 대표자가 국정을 운영한다는 장점이 있지만, 국민의 주권적 의사를 왜곡할 위험이 있다. 국민이 주권자이지만 실제로 국가권력을 행사하는 것은 국민의 대표기관이고, 구체적으로는 국민의 대표기관을 구성하는 사람이기 때문이다.

인간은 자기를 보존하고 확장하려는 욕망을 가지고 있어서 국가권력을 한 사람이 독점하게 되면, 주권자인 국민을 폭력적으로 지배하게 될 우려가 있다. 국가권력은 자의적 폭력으로 운영될 위험성이 있으므로 이를 방지할 제도적 장치가 필요하다. '절대적인 권력은 절대적으로 부패한다'는 격언도 이와 같은 인간과 국가권력에 대한 이해로부터 나온 것이다. 권력 분립의 원칙은 대의제도가 제대로 기능하기 위한 전제조건이다.

법치가 제대로 작동하기 위해서는 국가권력을 그 성격에 따라 구분하고, 이를 서로 다른 국가기관에게 분산하여 부여할 필요가 있다. 일반적으로 국가권력은 입법권, 행정권, 사법권으로 구분할 수 있고, 이들 국가권력은 국회, 정부, 법원과 헌법재판소라는 별개의 국가기관에 분산하여 부여된다. 국회에게 입법권을, 정부에게 행정권을, 그리고 법원과 헌법재판소에게는 사법권을 각각 부여함으로써 법치가 실현될 수 있는 것이다.

법치는 법에 의한 지배를 의미하고, 법을 제정하는 기관과 이를 집행하는 기관은 구별되어야 한다. 또한, 법에 대한 분쟁이 발생한 경우에 이를 해석하고 적용하는 기관도 독립적이어야 한다. 그렇지 않으면, 법을 자의적으로 제정하고, 집행하고, 해석할 가능성이 있다. 권력분립의 원칙은 법치를 제대로 실현하기 위한 수단이라고 할 수 있다.

셋째, 법은 내용적으로도 정당한 법이어야 한다. '악법도 법이다'라는 말이 있지만, 이제는 더 이상 맞는 말이 아니다. 법치를 법에 의한 지배라고 이해할 경우, 그 법이 올바르지 않는 법이라면 정당화될 수가 없다. 법이 평화를 깨트리고 폭력적인 내용을 담고 있는 경우라면 이때 법치는 평화를 위한 법이 아니라 폭력의 수단으로 전락하고 만다. 법이 정당한지 아닌지는 어떻게 판단할 수 있는가. 바로 헌법이 기준이 된다. 헌법에 부합하면 정당한 법이고, 그렇지 않으면 정당하지 않은 법이다. 헌법은 법률 등이 정당한 법인지 여부를 심판하는 규범적 기준이다. 그래서 헌법 해석이 매우 중요하다. 누가 정당한 법인지 여부를 판단하는가. 우리 헌법은 헌법재판소가 그 역할을 하도록 규정하였다.

법치란 법에 의한 지배이고, 이때 법을 법률뿐만 아니라 헌법을 포함하는 것으로 이해할 경우에는 헌법의 정당성이 문제될 수 있다. 즉, 헌법이 정당하지 않을 경우에는 어떻게 할 것인가. 헌법이 정당한지 여부를 판단하는 기준은 무엇인가. 헌법이 정당한지 여부를 누가 판단할 것인가. 이에 대해서 헌법은 아무런 규정을 두지 않고 있다. 주권자인 국민이 헌법을 제정하였다는 것만으로 정당화될 수 있는가. 앞으로 깊이 연구해야 할 과제이다.

넷째, 법적 평화가 깨어졌을 경우에는 이를 회복할 수 있는 제도적 장치를 마련해야 한다. 법은 다른 규범과 달리 국가권력의 강제력에 의해 그 실효성이 담보된다. 법은 스스로를 보장하기 위해 국가나 개인으로부터 침해되지 않도록 사전에 이를 예방하는 장치를 마련한다. 국가권력을 분립하는 것이 대표적이다. 이와 함께, 법은 법적 평화가 깨어졌을 때 이를 강제력에 의해 회복하는 장치도 마련하고 있다.

법은 사회적 합의를 통해 다양한 가치와 이해관계를 조정하여 도출한 가치체계이고, 모든 사람에게 일반적으로 적용된다. 따라서 그 해석과 집행에 있어서 갈등과 분쟁이 발생하기 마련이다. 법은 이러한 갈등과 분쟁에 대비하여 사법적 구제절차를 마련하였다. 국회가 법을 제정하고, 정부가 법을 집행하는 과정에서 법적 분쟁이 발생한 경우에는 법원이 법을 해석하고 적용하여 이를 해결한다. 헌법은 권력 분립의 원칙에 따라 사법권을 법원과 헌법재판소에 부여하였다. 사법권이란 구체적인 쟁송에 대해 법을 적용하고 그 결과를 선언하는 권한이다. 법원과 헌법재판소는 국가공동체에서 발생하는 법적 갈등과 분쟁을 헌법과 법률에 따라 해결함으로써 법적 정의와 평화를 실현한다.

사법권은 갈등과 분쟁을 해결하는 것이므로 공정해야 한다. 공정한 재판을 보장하기 위해서는 사법권이 독립되어야 한다. 사법권의 독립은 권력 분립의 원칙을 실천하고, 법치를 완성하는 수단이다. 국민이 주권자로서 기본권을 제대로 행사하기 위해서는 그 법적 지위와 권리를 침해당한 경우에 이를 안전하고 신속하게 구제받을 수 있어야 한다. 이는 공평하고 정당한 재판을 통해서만 가능하고, 사법권의 독립은 공정한 재판을 보장하기 위한 것이다.

3. 법에 의한 통치

법치란 법에 의한 통치이다. 국가기관은 법에 근거해서만 권력을 행사해야 한다는 것이다. 법은 국가권력의 원천이고, 국가권력은 법에 의해서만 정당화된다. 법에 의한 통치는 법률의 우위, 법률의 유보, 법률의 헌법기속성을 핵심 내용으로 포함한다.

첫째, 법률의 우위는 법률이 국가권력보다 우월하다는 것이다. 현실 정치에서 법률을 제정하는 것은 입법기관, 즉 국가권력이다. 하지만, 일단 법률이 만들어지면 국가권력은 법에 종속된다. 존재의 영역에서는 국가권력이 법에 우선하지만, 당위의 영역에서는 법이 국가권력에 우선한다는 것이다. 국가권력은 스스로 제정한 법률에 따라야 하며, 법률을 위반하면 그 정당성을 상실한다. 정부가 법을 집행하는 경우에는 법률에서 부여한 내용과 범위 안에서 권한을 행사해야 하고, 법률이 정한 절차에 따라야 한다.

법은 국가권력이 그 권한을 남용하지 않도록 사전적으로, 그리고 사후적으로 대책을 마련하고 있다. 법은 국가권력이 남용되지 않도록 권력을 분립하여 다른 여러 기관에 분산함으로써 서로 견제하고 균형을 유지하도록 한다. 만약, 국가권력이 법을 위반하여 권한을 남용하면 사법권을 통해 이를 바로잡을 수 있다. 법률은 국가권력이 폭력적으로 되지 않도록 예방하는 한편, 폭력적인 권력 행사를 강제로 바로잡아 평화를 회복하도록 하는 제도적 장치인 것이다.

국가권력이 법에 따라 행사되는 경우에도 본질적으로는 여전히 폭력적인 속성을 가진다는 것을 유의해야 한다. 법은 국가권력의 폭력성을 통제하는 것이지만, 이와 동시에 국가권력을 효율적으로 행사하기 위한 수단으로 기능하기 때문이다. 국가권력이 법에 따라 행사되는 경우에도 그것이 정당화될 뿐이지 그 폭력적인 속성이 사라지는 것이 아니다. 특히, 국가가 개인에게 국방의 의무나 납세의 의무와 같이 법적 의무를 부과하는 것은 개인의 신체의 자유나 재산권을 제한하는 것이다.

국가는 당사자의 의사를 고려하지 않고 법률의 제정을 통해 이러한 법적 의무를 부과하고, 이를 위반하면 처벌하거나 강제적으로 이행하도록 한다. 법원과 헌법재판소가 사법권을 행사하는 경우에도 헌법과 법률에 따라 재판해야 한다. 국가기관이 그 권한을 행사하기 위해서는 헌법과 법률을 제대로 해석해야 한다. 헌법과 법률에 대한 해석에 다툼이 있는 경우에는 헌법재판소와 법원이 최종적으로 판단한다.

둘째, 법률의 유보는 국가공동체의 기본적이고 본질적 사항은 반드시 국회가 제정하는 법률로 규정해야 한다는 것이다. 법률을 제정하는 권한은 국민의 대표기관인 국회에 유보해야 한다. 헌법 제40조는 "입법권은 국회에 속한다"라고 규정하여 국회에 입법권을 부여하고 있다. 국가기관의 권력이 정당화되는 것은 바로 국민의 대표기관인 국회가 법률을 제정하였기 때문이다. 이것이 민주주의이다. 법률은 국가권력을 행사하는 근거이자 그 정당성을 제공하는 원천이다.

국회는 국민의 대표기관으로서 어떠한 내용을 법률로 규정할 것인지 광범위하게 재량으로 결정할 수 있다. 이를 국회의 입법형성권이라고 한다. 하지만, 국가공동체의 기본적이고 본질적 사항은 반드시 국회가 제정하는 법률로 규정해야 한다. 구체적으로 어떠한 내용이 입법사항에 해당하는지를 확정하는 것은 매우 어렵다. 법률은 국가권력을 통제하는 것이므로 국가기관의 권한의 존부, 그 내용과 범위는 국회가 결정해야 한다. 특히, 개인의 기본권을 제한하는 경우에는 반드시 법률이 정한 요건과 절차에 따라야 한다.

헌법재판소는 "법률유보 원칙은 단순히 행정작용이 법률에 근거를 두기만 하면 충분한 것이 아니라, 국가공동체와 그 구성원에게 기본적이고도 중요한 의미를 갖는 영역, 특히 국민의 기본권 실현에 관련된 영역에 있어서는 행정에 맡길 것이 아니라 국민의 대표자인 입법자 스스로 그 본질적 사항에 대하여 결정하여야 한다는 요구, 즉 의회유보 원칙까지 내포하는 것으로 이해되고 있다. 이때 입법자가 형식적 법률로 스스로 규율하여야 하는 사항이 어떤 것인가는 일률적으로 획정할 수 없고 구체적인 사례에서 관련된 이익 내지 가치의 중요성, 규제 내지 침해의 정도와 방법 등을 고려하여 개별적으로 결정할 수 있을 뿐이나 적어도 헌법상 보장된 국민의 자유나 권리를 제한한 때에는 그 제한의 본질적인 사항에 관한 한 입법자가 법률로써 스스로 규율하여야 한다"라고 판단하였다(2009.10.29. 2007헌바63).

국회가 어떠한 법률을 제정할 것인지에 대해서는 재량을 가진다. 법률이 규범력을 가지기 위해서는 국가공동체의 현실적 조건을 반영하여 제정되어야 한다. 법률이 지나치게 이상적인 내용을 규정하여 현실과 괴리가 크면 제대로 지켜질 수가 없다. 반대로 법률이 진화된 현실을 따라가지 못하면 더 이상 규범으로 기능하지 못하게 된다. 이와 같이 법률과 현실은 상관관계를 가지고 서로 영향을 주고 받는다. 국회는 역사적 현실을 고려하여 구체적인 조건에 적합한 법률을 제정할 권한을 가지는 것이다.

셋째, 국회에서 제정하는 법률은 헌법에 기속되어야 한다. 헌법은 최고의 법규범으로서 주권자인 국민이 제정하였다. 국회가 법률을 제정할 권한을 갖는 것도 헌법이 그 권한을 부여하였기 때문이다. 국민의 대표기관인 국회가 제정한 법률이 정당성을 갖는 것은 규범적으로는 헌법에 의해 입법권이 부여되었기 때문이다. 따라서 법률은 헌법의 이념과 가치를 구체적으로 실현하는 수단이 되며, 그 권원이 되는 헌법을 위반해서는 안 된다. 국회가 헌법을 위반하는 내용으로 법률을 제정할 경우에는 사법적 구제절차를 통해 이를 무효로 할 수 있다. 헌법재판소는 위헌법률심판을 통해 헌법에 위반되는 법률의 효력을 무효화할 수 있다.

국회가 법률을 제정할 수 있는 입법형성권의 범위에 대해서는 유의할 것이 있다. 국회는 헌법에서 규정하는 법률만 제정할 수 있는가, 아니면 헌법에 위반되지 않는 한 어떠한 법률도 제정할 수 있는가. 헌법은 제40조에서 국회에게 입법권을 부여하였다. 이와 동시에 개별적 사항에 대해 법률로 정하도록 규정하기도 한다. 예를 들어, 제2조 제1항에서 "대한민국의 국민이 되는 요건은 법률로 정한다", 제24조에서 "모든 국민은 법률이 정하는 바에 의하여 선거권을 가진다"라고 각각 규정하였다.

국회는 헌법에서 법률로 정하도록 규정한 개별적 사항에 대해서는 반드시 법률을 제정해야 하는 헌법적 의무를 부담한다. 하지만, 그 이외의 사항에 대해서는 국회가 법률을 제정할 것인지 여부와 어떠한 내용으로 제정할 것인지를 재량을 가지고 결정할 수 있다. 다만, 헌법에 위반되면 안 된다. 따라서 국회의 입법형성권은 국회는 헌법에 위반되지 않는 한 어떠한 법률도 제정할 수 있다는 의미로 이해해야 한다. 헌법재판소는 위헌법률심판에서 그 법률이 헌법의 이념과 가치를 제대로 실현하는 것인지를 심사하는 것이 아니다. 그 법률이 헌법을 위반하는지 여부, 즉 국회가 입법형성권을 남용하여 위헌적인 법률을 제정한 것인지 여부를 심사하는 것이다.

4. 명확하고 일반적인 법

법치가 실현되기 위해서는 법에 의한 통치만으로는 부족하다. 법 자체가 제대로 만들어져야 한다. 국가권력은 법에 따라 행사되어야 하고, 그 법률은 국민의 대표인 국회가 제정해야 한다. 또한, 법률은 헌법을 위반해서는 안 된다. 법에 의한 통치가 이루어지기 위해서는, 즉 법치국가가 되기 위해서는 법 자체가 다음과 같은 형식 요건을 충족시켜야 한다.

첫째, 법은 명확해야 한다. 법은 국가권력의 행사를 정당화하는 근거이자 그 권한의 남용을 방지하는 통제수단이다. 법은 그 자체로 국가권력 행사의 내용과 범위, 절차와 한계를 명확하게 규정해야 한다. 법을 지켜야 하는 수범자는 국가기관과 국민이다. 법치는 국가기관이 법에 의해 통치해야 한다는 것이고, 국민은 법에 의해서만 통치되어야 한다는 것이다. 법치의 핵심은 국가기관이 법을 지켜야 한다는 것이다. 국민이 법을 지켜야 한다는 것은 이차적이다.

법은 명확해야 국가권력을 통제할 수 있다. 법치는 국가기관이 자의로 권력을 행사하지 못하도록 통제하는 것이다. 법이 명확하지 않으면, 국가기관은 자의로 권력을 행사할 수 있다. 이는 부당한 국가 폭력이다. 국회가 법률을 제정하는 경우에는 국가기관이 자의적으로 권력을 행사하지 않도록 명확하게 규정해야 한다. 법률이 국민에게 적용되는 경우에도 국민은 그 법률을 통해 발생하는 권리·의무의 요건과 효과를 제대로 이해할 수 있어야 한다. 결국, 법의 명확성은 국가기관의 자의적인 권력 행사를 방지하고, 국민에게 예측가능하고 안정적인 생활을 보장하기 위해 필요하다.

법률은 어느 정도 명확해야 할까. 법률은 구체적인 사건에 적용되는 일반적 규범이다. 법률이 규율하는 대상은 매우 다양하며 수시로 변화하는 사건이다. 입법기술적으로도 법률 조항을 일의적으로 규정하기 어려워 어느 정도 추상적으로 규정할 수밖에 없다. 법률은 언어로 표현되는 이상 해석을 통해 구체화해야 하는 한계도 있다. 또한, 법률의 내용에 따라 명확성이 요구되는 정도도 다르다. 법률이 국민에게 시혜적이거나 의무를 면제하는 경우에는 명확성을 강하게 요구하지 않는다. 기본권을 제한하거나 국민에게 의무를 부과하는 경우에는 좀 더 명확하게 규정해야 한다. 특히, 법률이 개인에게 형벌을 부과하여 처벌하는 경우에는 가장 강하게 명확성을 요구한다.

헌법재판소는 "죄형법정주의에서 파생되는 명확성의 원칙은 법률이 처벌하고자 하는 행위가 무엇이며 그에 대한 형벌이 어떠한 것인지를 누구나 예견할 수 있고, 그에 따라 자신의 행위를 결정할 수 있도록 구성요건을 명확하게 규정할 것을 요구한다. 그러나 처벌법규의 구성요건이 명확하여야 한다고 하여 모든 구성요건을 단순한 서술적 개념으로 규정하여야 하는 것은 아니다. 다소 광범위하여 법관의 보충적인 해석을 필요로 하는 개념을 사용하였다고 하더라도, 통상의 해석 방법에 의하여 건전한 상식과 통상적인 법감정을 가진 사람이면 당해 처벌법규의 보호법익과 금지된 행위 및 처벌의 종류와 정도를 알 수 있도록 규정하였다면 헌법이 요구하는 처벌법규의 명확성에 배치되는 것이 아니다"라고 판단하였다(2017.11.30. 2015헌바336). 하지만, 헌법재판소가 제시하는 명확성의 원칙은 여전히 명확하지 않다. 결국, 법률이 명확한지 여부는 재판에서 구체적인 사건을 해결하는 과정에서 법률 해석을 통해 판단할 수밖에 없다.

둘째, 법은 일반성을 가져야 한다. 법치는 법에 의한 통치이며, 이때 법은 일반적이고 추상적인 법규범을 의미한다. 법이 일반적이라는 것은 특정한 개인을 대상으로 하는 것이 아니라 불특정 다수인을 대상으로 한다는 것이다. 법은 국가기관과 국민 모두에게 예외 없이 적용된다. 법이 추상적이라는 것은 현실적으로 발생한 구체적 사건에만 적용되는 것이 아니라 잠재적으로 발생할 가능성이 있는 모든 사건에 적용된다는 것이다. 법이란 이와 같이 일반적이고 추상적인 법규범이므로 특정인에 대해 구체적 사건이 발생한 경우에 비로소 적용되어 집행되는 것이지 법 그 자체로서 자동적으로 집행되는 것이 아니다.

법이 일반적이라는 것은 원칙적으로 처분적 법률이 허용되지 않는다는 의미이다. 처분적 법률이란 일정한 범위의 국민을 대상으로 하거나 구체적이고 개별적인 사항을 내용으로 하는 법률로서 그 자체가 직접 적용되어 집행력을 가지는 법률이다. 처분적 법률에는 개별인적 법률과 개별사건적 법률이 있다. 일반적이 아니라 특정한 개인에게 적용되는 것이 개별인적 법률이고, 추상적이 아니라 개별사건에 구체적으로 적용되는 것이 개별사건적 법률이다.

처분적 법률은 그 자체가 행정이나 사법의 매개적 작용이 없이 직접 국민의 권리와 의무를 발생시킨다는 측면에서 권력 분립의 원칙에 위반될 수 있다. 또한, 일정한 범위의 국민을 대상으로 하거나 개별적이고 구체적인 사건을 대상으로 한다는 측면에서 평등 원칙에 위반될 수도 있다. 하지만, 현대국가에서는 사회적 법치국가를 실현하기 위해 처분적 법률을 제정할 필요성이 증대하고 있다. 특히, 비상한 위기상황에서는 구체적 상황에 효과적으로 대응하기 위해서 처분적 법률을 제정해야 할 경우도 있다.

국회는 처분적 법률을 제정할 수 없고, 처분적 법률은 그 자체로 위헌인가. 처분적 법률이 권력 분립의 원칙이나 평등 원칙에 위반되는지 여부는 그 법률을 적용함으로써 실질적으로 미치는 영향과 결과를 기준으로 판단해야 한다. 따라서 어떤 법률이 처분적 법률이라는 것만으로는 권력 분립의 원칙이나 평등 원칙에 위반된다고 할 수는 없다. 다만, 처분적 법률이 사법부의 재판도 없이 직접 특정인의 구체적인 권리를 박탈하거나 처벌하는 경우에는 권력 분립의 원칙에 위반된다. 개별적 법률이 합리적인 이유 없이 개인을 차별하는 경우에는 평등 원칙에 위반된다. 따라서 국회는 이러한 헌법 원칙에 위반되지 않는 범위에서는 처분적 법률을 제정할 수 있다.

헌법재판소도 "특정한 규범이 개인 대상 또는 개별 사건 법률에 해당한다 하여 그것만으로 바로 헌법에 위반되는 것은 아니다. 다만, 이러한 법률이 일반 국민을 그 규율 대상으로 하지 아니하고 특정 개인이나 사건만을 대상으로 함으로써 차별이 발생하는바, 그 차별적 규율이 합리적인 이유로 정당화되는 경우에는 허용된다고 할 것이다"라고 판단하였다(2011.5.26. 2010헌마 183).

셋째, 법은 체계적으로 정합해야 한다. 법은 최고법인 헌법을 정점으로 하는 피라미드 구조로 된 규범 체계로 구성된다. 법이 체계적이어야 한다는 것은 법규범 상호간의 구조와 내용 등이 모순됨이 없이 체계와 균형을 유지해야 한다는 것이다. 법이 체계적으로 정립되지 않으면 법의 해석과 집행에 모순과 충돌이 발생하고, 법치는 제대로 기능할 수가 없다. 국회는 법률을 제정하는 경우에 체계적으로 정합하도록 입법해야 한다.

입법자는 특정한 사항을 규율하기 위해 선택한 가치기준을 하나의 법률 또는 동일한 대상을 규율하는 다른 법률에 대해서도 일관되게 적용해야 한다. 이것은 입법자의 자의를 금지함으로써 정책의 형평성, 규범의 명확성과 예측가능성, 그리고 규범에 대한 신뢰와 법적 안정성을 확보하기 위한 것이다. 다만, 규율 대상이 동일하다고 하더라도 그 규율 대상에 대한 법률의 입법 목적이 동일한 것은 아니며, 이러한 가치의 충돌과 조정에 대해서는 입법부의 재량이 폭넓게 인정된다. 따라서 법률이 체계적으로 정합하지 않다는 것, 그 자체는 독자적인 위헌 사유가 아니다. 법률이 체계적으로 정합하지 않은 사유를 검토하여 그것이 비례의 원칙이나 평등 원칙을 위반한 것으로 인정되는 경우에만 헌법 위반이 된다.

법이 체계적이어야 한다는 것은 입법 작용뿐만 아니라 행정 작용이나 사법 작용에도 요구된다. 정부, 법원, 헌법재판소가 법률을 집행하거나 헌법과 법률을 해석하고 적용하는 경우에도 체계적으로 정합하도록 해야 한다는 것이다. 대한민국에는 1개의 헌법 아래 약 1,300개의 법률을 포함하여 약 4,000개의 법령이 있다. 이들 법령들의 목적이나 규율 대상은 매우 다양하여 서로 모순과 충돌이 발생할 가능성이 있다. 법령을 체계적으로 정합하게 해석하고 적용하기 위해서는 다음과 같은 해석 원칙을 순차적으로 따른다. 상위법 우선의 원칙, 특별법 우선의 원칙, 신법 우선의 원칙이 그것이다.

5. 법적 신뢰의 보장

법적 안정성은 법의 이념이자 법치의 조건이다. 법이 지향하는 평화가 지속되기 위해서는 법 자체가 안정적이어야 한다. 법적 안정성이란 인간이 법에 따라 안심하고 생활할 수 있는 안정적인 상태를 말한다. 이것은 법에 의한 안정이 아니라 법 자체의 안정을 의미한다. 법적 안정성은 소급입법의 금지와 법에 대한 신뢰 보호로 구체화된다.

첫째, 법은 소급하여 적용되어서는 안 된다. 법은 가치체계이며, 법적 평가는 시대와 장소에 따라 다르게 나타난다. 법이 국가권력을 통제하고, 개인의 권리와 의무를 규율하기 위해서는 수범자를 설득할 수 있어야 규범력을 가진다. 소급입법이란 이미 완성된 사실관계나 법률관계에 새로이 적용되는 법률을 제정하는 것이다. 법에 의한 통치는 법의 존재를 전제로 하고 그 법에 따라 통치하는 것이다. 아직 법이 존재하지 않은 상태에서 행한 행위에 대해 사후적으로 법률을 제정하여 적용하는 것은 법적 평화를 깨트리는 것이다.

현재 법이 규율하지 않는 행위를 미래에 법률을 제정하여 규율하게 된다면, 안심하고 행위할 수가 없고 항상 불안하게 된다. 이것이 소급입법이 금지되는 이유이다. 특히, 과거의 행위에 대해 형사처벌하는 법률을 제정할 경우에는 소급입법 금지가 훨씬 더 강하게 요구된다. 소급입법 금지는 죄형법정주의의 핵심 내용이 된다.

국회는 절대적으로 소급입법을 할 수가 없는가. 법적 가치와 이념은 국가공동체의 역사적 조건에 따라 변화할 수 있다. 과거의 무가치한 행위라도 현재의 관점에서 가치로운 것으로 평가될 수 있고, 현재의 가치로운 행위도 미래에는 무가치한 것으로 평가될 수 있다. 과거의 행위라도 현재의 관점에서 재평가하여 새로운 법적 효과를 부여하는 것이 국가공동체의 건강한 발전을 위하여 필요한 경우도 있다. 소급입법을 금지하는 것은 개인의 자유와 권리를 제한하는 결과를 초래하는 퇴행적인 소급입법을 금지하는 것이다. 소급입법을 절대적으로 금지하게 되면 미래지향적으로 발전할 수 있는 기회를 원천적으로 봉쇄하는 결과를 초래할 수도 있다. 특히, 과거의 법률에서는 부당하게 권리나 이익을 제한받았던 사람에 대해 법률을 개선하여 권리나 이익을 소급하여 부여하는 것은 정의의 관념에도 부합하는 것이다. 따라서 국회는 절대적으로 소급입법을 할 수 없는 것이 아니라 법률의 목적이나 취지를 고려하여 헌법적 가치에 부합하는 경우에는 소급입법이 인정될 수도 있다.

소급입법의 법적 효력은 그 입법 유형에 따라 달리 평가될 수 있으며, 금지되는 내용과 범위에서 차이가 있다. 신법이 이미 과거에 완성된 사실 또는 법률관계에 대해 부여되었던 법적 효과를 소급적으로 불이익하게 변경하는 경우가 있다. 이를 진정소급입법이라고 한다. 진정소급입법은 원칙적으로 허용되지 않지만, 예외적으로 허용된다. 즉, 국민이 소급입법을 예상할 수 있는 경우, 법적 상태가 불확실하고 혼란스러워 보호할 만한 신뢰이익이 적은 경우, 소급입법에 의한 당사자의 손실이 없거나 경미한 경우, 신뢰보호의 요청에 우선하는 심히 중대한 공익상의 사유가 있는 경우에는 허용된다. 구법에 대한 신뢰보호가 가치가 없거나 극히 적은 데 비해 소급입법을 통해 달성하려는 공익은 매우 중대하고 특별한 사정이 있는 경우가 대표적인 사례이다.

소급입법에는 과거에 시작하였으나 구성요건이 아직 완성되지 않고 진행 중인 사실 또는 법률관계에 대해 그 구성요건이 완성되었더라면 부여하였을 법적 효과를 불이익하게 변경하는 경우도 있다. 이를 부진정소급입법이라고 한다. 부진정소급입법은 원칙적으로 허용되지만, 예외적으로 허용되지 않는다. 즉, 새로운 입법을 통해 실현하고자 하는 공익적 목적과 이로 인하여 침해받는 이익의 보호가치, 침해의 정도, 신뢰를 손상하는 정도, 신뢰 침해의 방법 등 사익을 형량하여 소급효를 요구하는 공익상 사유에 비하여 신뢰보호의 요청이 크고 과잉금지의 원칙에 위반할 경우에는 예외적으로 허용되지 않는다.

부진정소급입법이 허용되는 경우에도 개인의 신뢰를 보호하기 위해서는 경과 규정을 두어 개인의 법적 지위를 보장하는 방법을 강구해야 할 경우도 있다. 소급입법은 그 입법 유형에 따라 법적 효과를 달리 하지만, 그 자체만으로는 위헌 심사 기준이 되기 어려운 측면이 있다는 것을 유의해야 한다. 즉, 진정소급입법과 부진정소급입법은 상대적인 것이어서 획일적으로 구분하기 어려우며, 사실관계와 법률관계가 완성되었는지 여부도 이를 확정하는 기준에 따라 달라지게 된다.

헌법은 제13조 제1항에서 "모든 국민은 행위시의 법률에 의하여 범죄를 구성하지 아니하는 행위로 소추되지 아니하며"라고 하였고, 제2항에서 "모든 국민은 소급입법에 의하여 참정권의 제한을 받거나 재산권을 박탈당하지 아니한다"라고 각각 규정하였다. 죄형법정주의에 따라 소급적 형사처벌을 금지하고, 참정권과 재산권을 제한하는 경우에도 소급입법을 금지하도록 직접 규정하고 있다. 우리 헌정사에서는 소급입법을 통해 반민족행위자 처벌법(1948년), 반민주행위자 공민권 제한법(1960년), 정치활동정화법(1961년), 정치풍토쇄신을 위한 특별조치법(1980년), 5·18광주민주화운동 등에 관한 특별법(1995) 등 소급입법을 제정하여 기본권을 제한한 사례가 있다.

둘째, 법에 대한 신뢰는 보호되어야 한다. 법치는 법에 의한 통치이며, 국가기관은 법에 근거하여 권력을 행사하는 것이다. 이때 국민은 법이 규정하는 요건과 효과를 신뢰하고, 이를 바탕으로 생활한다. 국회가 법률을 개정하여 기존에 형성된 사실관계와 법률관계의 법적 효과를 다르게 취급하면 법적 안정성을 해치게 된다. 소급입법이 금지되는 것도 법에 대한 개인의 신뢰를 보호하기 위한 것이다. 법에 대한 신뢰는 소급입법을 금지하는 것에 그치지 않는다. 법률을 개정하여 그때부터 미래의 사실관계나 법률관계를 규율하는 경우에도 그 법률에 대한 국민의 신뢰를 보호해야 한다.

신뢰보호의 원칙이란 국가기관이 법을 통해 국민에게 부여한 신뢰를 보호해야 한다는 것이다. 국가기관이 법에 근거하여 일정한 행위를 한 경우에는 국민은 앞으로도 국가기관이 그렇게 할 것이라고 신뢰하게 된다. 국민은 이러한 신뢰를 기초로 행동하고 미래를 예측한다. 이때 국회가 법률을 개정하여 더 이상 이러한 신뢰가 보장되지 않으면, 국민은 불안하게 되고 평화로운 생활을 영위할 수가 없다. 법은 국가권력의 정당성과 계속성의 근거가 되며, 국민이 이를 신뢰하는 것은 보호되어야 한다. 국민이 법을 예측할 수 없게 되면, 법치는 작동하지 못하고, 법적 평화는 깨진다.

어떤 법률이 헌법에 위반되는 경우에도 헌법재판소가 최종적으로 위헌이라고 선언하기 전까지는 유효하게 취급되는 것도 법에 대한 신뢰를 보호하기 위해서이다. 다만, 법에 대한 신뢰도 헌법적으로 보호할 만한 가치가 있는 경우에만 보호되어야 한다. 국민이 법에 대해 갖는 단순한 기대는 법적으로 보호할 대상이 아니다. 이때 헌법적으로 보호할 만한 가치가 있는 신뢰인지 여부를 판단하는 것은 매우 어렵다. 신뢰보호의 원칙이 적용되는지 여부는 다양한 요소를 형량하여 결정해야 한다. 즉, 신뢰보호의 원칙을 판단함에 있어서는 신뢰 이익의 보호 가치, 신뢰에 대한 침해의 방법과 정도, 국가의 공적 이익의 중요성과 긴급성 등을 형량해야 한다.

6. 평화의 실효적 보상

법은 도덕이나 윤리와는 달리 국가권력에 의해 강제되는 규범이다. 법치는 법에 의한 통치이고, 국가권력은 법에 따라 행사되어야 한다는 것이다. 이때 법은 스스로 규범력을 확보하기 위한 제도적 장치를 마련하고 있다. 법이 침해되었을 경우에 이를 바로잡지 못하면 법치는 무의미하기 때문이다. 법치는 법의 실효성이 보장될 때 비로소 실현될 수 있고, 법적 평화도 보장된다. 법의 실효성은 최종적으로 사법적 구제절차를 통해 보장된다. 법의 실효성을 확보하기 위해서는 법적 분쟁을 합리적으로 해결하는 사법제도를 확립해야 한다.

사법(司法)이란 구체적인 쟁송에 대해 법을 적용하고 선언하는 국가작용이다. 사법은 국가와 국민이 법률에 따라 권한과 권리를 행사하는지 여부를 확인하고, 그에 관한 분쟁을 법에 따라 해결함으로써 법적 정의와 평화를 실현하는 국가 작용이다. 헌법은 권력 분립의 원칙에 따라 사법권을 법원과 헌법재판소에 부여하였다. 사법권은 분쟁을 해결하는 것이므로 공정하게 행사되어야 한다. 공정한 재판을 보장하기 위해서는 사법권이 독립되어야 한다. 사법권의 독립은 권력 분립의 원리를 실천하고, 법치를 완성하는 수단이다. 국민이 주권자로서 기본권을 제대로 행사하기 위해서는 그 법적 지위와 권리를 침해당한 경우에 이를 안전하고 신속하게 구제받을 수 있어야 한다. 이는 공평하고 정당한 재판을 통해서만 가능하고, 사법권의 독립은 공정한 재판을 보장하기 위한 것이다.

법치는 행정작용이 법률에 따라야 한다는 것에 그치지 않는다. 법은 최고규범인 헌법을 정점으로 체계적으로 구성되어 있으며, 국회의 입법 작용도 헌법에 위반되면 무효화된다. 법치란 최종적으로 헌법주의를 의미한다. 국가의 행정 작용은 국회가 제정한 법률에 따라야 한다는 법치행정을 형식적 법치라고도 한다. 형식적으로 법률에 위반되지 않으면 된다는 것이다. 한편, 법률의 내용이 헌법에 위반되는 경우에는 형식적 법치만으로는 부족하다. 법률의 내용이 헌법에 부합해야 한다는 것을 실질적 법치라고 한다. 법의 실효성은 헌법적 분쟁을 합리적으로 해결하는 헌법재판을 통해 최종적으로 실현된다. 헌법은 스스로를 보장하기 위한 제도적 장치를 마련하고 있다. 바로 헌법재판제도이다.

헌법재판이란 헌법에 대한 분쟁을 소송 절차에 의해 해결함으로써 헌법 질서를 유지하는 사법 작용이다. 헌법은 헌법재판을 통해 그 규범력을 유지할 수 있고, 개인의 자유와 권리를 보장하고 국가공동체를 유지한다는 목적을 실현할 수 있다. 헌법재판소는 국회 등 국가기관의 권한 행세를 통제하고, 국민의 기본권을 보장하기 위해 헌법적 분쟁을 심판하는 기관이다. 헌법재판의 공정성을 확보하기 위해서는 헌법재판소가 다른 헌법기관으로부터 독립되고 그 중립성이 보장되어야 한다. 헌법재판소는 독립적으로 구성되어야 하고, 헌법재판관의 신분도 보장되어야 한다. 국민의 법률상의 권리를 보장하는 수단이 일반재판인데 반하여, 헌법의 가치와 이념을 보장하는 사법적 수단이 헌법재판이다.

헌법주의란 국가권력에 대해 헌법이 우월하다는 것이고, 국가권력에는 입법권, 행정권, 사법권이 포함된다. 헌법재판은 헌법이 침해되었을 경우에 이를 회복하는 사법적 구제절차이다. 법의 실효성은 최종적으로 헌법재판을 통해 실현된다. 국회는 입법권을 행사하면서 헌법을 침해할 수 있다. 헌법에 위반되는 법률을 제정하는 것이다. 국민의 대표기관인 국회가 제정한 법률이라도 그 내용이 헌법에 위반될 경우에는 정당화될 수가 없다. 이때 헌법재판소가 위헌법률심판을 통해 그 법률을 무효화시킬 수 있다.

대통령을 비롯한 고위공무원이 행정업무를 수행하면서 헌법을 침해하는 경우도 있다. 이때에도 헌법재판소는 탄핵심판을 통해 그 고위공무원을 공직에서 파면하도록 하고 있다. 대한민국에서는 두 차례에 걸쳐 현직 대통령에 대해 탄핵심판을 한 적이 있다. 2004년 현직 대통령이 국회에서 탄핵소추되었으나, 헌법재판소에서 기각되었다. 그러나 2017년에는 현직 대통령이 파면되었다. 한편, 법원도 재판 작용을 하면서 헌법을 침해할 가능성이 있다.

헌법재판소법은 판사에 대해 탄핵심판을 할 수 있을 뿐, 재판 자체에 대해서는 이를 헌법소원의 대상에서 제외하였다. 이것은 사법권의 독립을 보장하고 분쟁을 최종적으로 해결하는 법원의 기능을 보장하기 위한 것으로 이해된다. 이 외에도 국가 공권력의 행사 또는 불행사로 인하여 헌법이 규정하는 기본권을 침해한 경우에는 헌법소원을 통해 구제할 수 있도록 하였다.

국민도 헌법을 침해할 수 있다. 헌법은 국민의 정치적 의사를 효율적으로 형성하기 위해 정당을 특별히 보호하고 있다. 하지만, 정당의 목적이나 활동이 민주적 기본질서에 위배하여 헌법을 침해하는 것까지 보호할 수는 없다. 이때에는 헌법재판소가 위헌정당을 해산할 수 있다. 헌법재판소는 2014년 사상 처음으로 통합진보당에 대해 민주적 기본질서에 위배된다는 이유로 해산 결정을 하였다. 이것은 대한민국 헌법의 가치와 이념으로는 그 정당의 존속과 활동을 도저히 수용할 수 없다는 것을 규범적으로 확인한 것이라고 할 수 있다. 헌법재판소는 통합진보당의 목적이나 활동이 민주적 기본질서에 실질적으로 해악을 끼치는 구체적 위험이 있으며, 정당을 해산하는 것으로 인하여 초래하는 사익의 제한보다 그것으로 인하여 발생하는 공익이 크다는 것을 확인하였다(2014.12.19. 2013헌다1).

7. 민주주의와 조화

　법치는 법에 의한 통치이며, 사람에 대한 불신을 전제로 한다. 사람을 대신하여 법적 이성을 찾아 이를 기초로 국가공동체를 운영하는 것이다. 한편, 민주주의는 주권자인 국민에 의한 통치이며, 최종적으로는 다수결에 따라 국가공동체의 정치적 의사를 결정하는 방식이다. 법에 의한 통치를 의미하는 법치는 사람에 의한 통치를 의미하는 민주주의와 충돌할 수 있다.

　법치는 사적 영역이나 공적 영역 모두에 적용되지만, 민주주의는 공적 영역에서만 적용된다. 법치는 법적 이성의 지배를 의미하고, 민주주의는 주권자인 사람, 다수의 지배를 의미한다. 법치에서는 사법부의 기능이 강조되고, 민주주의에서는 입법부의 역할이 중요하다. 법치는 다수의 지배에서 비롯되는 폭력으로부터 소수를 보호하고, 민주주의는 소수의 지배에서 비롯되는 폭력으로부터 다수를 보호한다.

　민주주의는 다양한 이해관계를 가진 사람들이 대화를 통해 타협하고, 다수결에 따라 단일한 의사를 결정하는 방식이다. 다수결의 원리는 최선이 아니라 차선의 선택이며, 소수자도 장래에 다수가 될 수 있는 가능성을 인정해야 한다. 그렇지 않으면 다수가 소수를 폭력적으로 지배하는 전체주의가 될 수 있기 때문이다. 우리 헌법은 헌법을 비롯하여 기본권의 보장, 통일원칙으로서의 자유민주적 기본질서, 위헌정당해산의 사유로서 민주적 기본질서 등을 통해 민주주의를 헌법원리로 인정하고 있다.

법치와 민주주의는 모든 국민이 인간으로서의 존엄과 가치를 가지고, 자유롭고 평등하게 행복을 추구할 수 있는 국가공동체를 지향한다는 점에서는 동일하다. 법치와 민주주의는 모두 국가권력의 행사를 정당화하는 근거가 되며, 국가권력을 통제하는 수단이 된다. 법치와 민주주의는 서로 충돌하고 모순되는 것이 아니다. 법치와 민주주의는 동일한 헌법적 이념을 실현하기 위해서 서로 다른 방식의 실천 수단을 강조하는 것에 불과하다. 법치와 민주주의는 자신의 역할과 기능을 조화롭게 선순환시킴으로써 서로를 보완하는 관계라고 할 수 있다. 즉, 법치와 민주주의는 자유민주주의와 실질적 법치주의를 통해 서로 융화되고 조화로운 관계를 형성한다. 또한, 사회적 법치국가를 통해 시민적 자유와 정의의 실현을 조화롭게 지향할 수 있다. 다만, 구체적인 현실에서 법치와 민주주의는 서로 충돌할 수 있으므로 이를 해결하는 최소한의 실천적 기준을 마련할 필요가 있다.

법치는 인간의 존엄과 가치를 전제로 개인의 자율과 창의성을 존중하는 자유주의를 이념적 기초로 한다. 이때 개인의 자유는 절대적으로 보장되는 것이 아니라 평등 원칙과 조화를 이루면서 정의를 실현하는 것을 목적으로 한다. 이것이 자유민주주의이다. 이를 실현하기 위해서는 기회를 균등하게 보장하면서 개인의 자율성을 존중해야 한다. 또한, 다양한 이해관계를 가진 사람들이 이성적 타협을 거쳐 다수결의 원리에 따라 단일한 의사결정을 달성하되, 소수자의 입장도 존중하는 것이 필요하다. 민주주의는 공적 영역에서 정치적으로 단일한 의사를 결정하는 것에 머물러야 한다. 사적 영역에서 개인의 자유로운 의사결정이 보장되는 경우에 민주주의가 과도하게 개입해서는 안 된다.

국가공동체는 주권자인 국민의 정치적 의사결정에 따라 운영되어야 한다. 국가기관의 권력 행사는 민주적 정당성을 확보해야 한다. 특히, 국민의 대표기관인 국회는 다양한 이해관계를 조정하여 가치규범을 법률로 제정해야 한다. 이때에는 민주주의에 기초하여 이성적인 타협과 다수결의 방식에 따라야 한다. 다만, 민주주의가 헌법적 한계를 벗어날 경우에는 법치를 통해 민주주의를 안정적으로 규율할 필요가 있다. 국회가 민주주의에 기초하여 법률을 제정하더라도 그 법률이 헌법에 위반된 경우에는 헌법재판을 통해 무효화할 수 있다. 대통령 등 고위공직자가 헌법과 법률을 침해한 경우에도 국회가 민주주의에 기초하여 탄핵소추를 하고, 헌법재판소가 최종적으로 탄핵심판을 통해 공직에서 파면한다. 이러한 헌법재판제도는 법치와 민주주의를 조화롭게 실현하기 위한 제도적 장치라고 할 수 있다.

제3장

헌법과 평화

1. 헌법이란 무엇인가

헌법이란 국가의 조직과 구성에 관한 기본법이다. 헌법은 개인들이 자유롭고 평등하게 행복을 추구할 수 있는 국가공동체를 형성하고 유지하는 것을 목적으로 한다. 헌법은 최고규범으로서 국가공동체의 헌법적 가치를 제시하고, 이를 실현하는 국가의 조직과 권한에 관한 핵심적인 사항을 규율한다. 이를 통해 개인의 이해관계를 둘러싼 가치의 충돌과 갈등을 조정하고 정치적 정의를 실현한다.

헌법은 개인의 자유와 권리를 보장하는 권리장전을 포함하고 있다. 권력과 자유를 조화롭게 보장하고 규율하는 것이다. 헌법은 국가의 정치질서와 개인의 생활질서를 형성하는 근본 규범이다. 헌법재판소도 "헌법은 국민적 합의에 의해 제정된 국민생활의 최고 도덕규범이며, 정치생활의 가치규범으로서 정치와 사회질서의 지침을 제공한다"라고 판단하였다(1989.9.8. 88헌가6). 헌법은 인간이 평화롭게 생활하기 위한 최고의 법규범이다. 법이 평화를 위한 수단이라면, 헌법은 평화를 실현하기 위해 반드시 필요한 법규범이다.

현대국가에서 헌법은 국가, 공동체, 개인에게 공통적으로 적용되는 가치질서를 선언하고 있다. 헌법은 공적 영역과 사적 영역을 구분하여 국가의 기능을 통제한다. 기본적으로 공적 영역에서는 국가의 작용을 직접적으로 규율한다. 하지만, 사적 영역에서는 국가로 하여금 개인과 사회공동체 영역의 자율성을 최대한 보장할 수 있도록 기본적인 질서나 여건을 조성하는 의무를 부과한다. 국가는 사적 영역에서 개인과 사회의 자율성이 일탈 또는 남용되어 헌법적 이념과 가치를 침해할 경우에 비로소 사적 영역에 개입할 수 있다.

헌법은 이와 같은 방식으로 국가와 개인의 생활을 규율하는 제도적 장치라고 할 수 있다. 헌법주의란 국가권력에 대한 헌법의 우위라고 요약할 수 있다. 현실적으로 헌법은 정치권력에 의해 만들어지지만, 일단 헌법이 만들어지면 그 정치권력은 헌법에 의해 규율되어야 한다.

2. 국가의 구성요소

국가의 본질

국가란 일정한 지역에서 정주하는 다수인으로 구성되며, 통치조직을 가진 최고권력에 의해 지배되는 통일된 조직체를 말한다. 현대사회에서 국가는 개인의 생활에 막대한 영향력을 행사하면서 현실적으로 존재하는 조직체이다. 국가의 본질은 국가를 이해하는 관점과 맥락에 따라 다양하게 이해할 수 있다. 국가에 대한 관점에 따라 일원론, 이원론, 다원론으로 구분할 수 있다. 법학적 관점에서 국가란 규범 체계인 법질서 그 자체라고 파악하여 국가와 법을 동일한 것으로 평가하기도 하고, 구성원인 개인들과 구별되는 독립된 법인격을 가진 사단이라고 파악하기도 한다.

국가의 기원에 대해서는 신의설, 실력설, 가족설, 계급국가설 등 다양한 주장이 있다. 근대 시민국가에서는 사회계약설이 일반적으로 수용되었다. 국가는 인민의 동의에 의한 사회계약으로 성립되었다는 것이다. 홉스는 자연 상태를 '만인의 만인에 대한 투쟁 상태'라고 평가하고, 주권자인 인민이 평화 유지를 위해 국가에게 주권을 양도하는 복종계약을 체결하여 국가가 성립하였다고 파악하였다. 이 복종계약은 인민의 주권을 국가에게 완전히 양도하는 것이므로 취소할 수 없고 국가에게 불복종할 수도 없다고 본다.

로크는 자연법에 의해 규율되는 평화적인 자연상태를 인정하면서도 사회적 갈등이 발생할 경우에 이를 해결할 중재자로서 국가가 필요하다고 하였다. 주권자인 인민은 자신의 생명, 자유, 재산을 지키기 위해 권리를 국가에게 위임하여 신탁하는 계약을 체결함으로써 국가가 성립한다고 본다. 따라서 주권자는 국가가 권한을 남용하여 위임계약을 위반한 경우에는 사회계약을 취소할 수 있고 국가에 대해 불복종할 권리가 있다. 루소는 평화로운 자연상태로 돌아가기 위해서 전체 인민이 그 자유의사에 의한 합의를 통해 국가를 창설하였다고 하였다. 국가는 주권자인 인민의 총의에 따라 권력을 행사해야 하며, 인민의 총의인 일반의사는 개인들의 특수한 이익의 총합인 전체의사와 구별된다. 주권자의 일반의사는 법률의 제정을 통해 드러난다고 하였다.

대한민국 헌법은 제1조 제1항에서 "대한민국은 민주공화국이다"라고 규정하였다. 즉, 민주공화국으로서 국민주권주의와 개인의 기본권을 보장하는 것이다. 또한, 제1조 제2항에서는 "대한민국의 주권은 국민에게 있고, 모든 권력은 국민으로부터 나온다"라고 규정하였다.

국민

국민은 국가의 구성원으로서 국가의 통치권이 미치는 인적 범위를 말한다. 국민은 국가를 전제로 하는 법적 개념으로, 혈통을 중심으로 한 인종이나 민족과 구별된다. 헌법은 제2조 제1항에서 "대한민국의 국민이 되는 요건은 법률로 정한다"라고 규정하였다. 즉 헌법은 대한민국 국민의 요건과 범위를 정하는 것을 법률에 위임하였고, 국적법이 이를 자세하게 규정하고 있다.

국적법은 국민의 자격인 국적취득을 선천적 취득과 후천적 취득으로 구분한다. 선천적 취득은 출생에 의한 취득을 말한다. 우리나라는 부모양계혈통주의를 기초로 원칙적으로 속인주의를 채택하여 부 또는 모가 대한민국 국민인 경우에는 대한민국의 국적을 취득한다. 다만, 부모가 모두 분명하지 않거나 국적이 없는 경우에는 대한민국에서 출생한 사실만으로도 국적을 취득하도록 하여 예외적으로 속지주의를 허용하였다. 이는 무국적자가 발생하는 것을 예방하기 위한 것이다. 후천적 취득은 출생 이외의 사유로 국적을 취득하는 것이며, 인지·귀화·입양·혼인에 의한 국적취득·국적회복 등에 의해 국적을 취득하는 것이다.

국적법은 원칙적으로 단일국적주의를 채택하여 대한민국의 국민이 외국국적을 보유하거나 외국인이 대한민국 국적을 보유하는 것을 금지한다. 하지만, 최근 세계화에 따라 국제 이주가 증가하고, 국내에도 이주노동자와 결혼이민자가 증가하는 현실을 고려하고, 해외의 우수한 인재를 유치하여 국가경쟁력을 강화하기 위해 예외적으로 복수국적을 허용한다.

헌법은 제2조 제2항에서 "국가는 법률이 정하는 바에 의하여 재외국민을 보호할 의무를 진다"라고 규정하였다. 재외국민이란 대한민국 국적자로서 외국에서 장기간 체류하거나 영주하는 국민을 말한다. 국가가 재외국민을 보호할 의무는 헌법으로부터 도출되는 것이다. 하지만, 이것은 국가의 일반적·추상적 의무를 규정한 것일 뿐, 그 조항 자체로부터 국민을 위한 어떠한 구체적인 행위를 해야 할 국가의 작위의무가 도출되는 것은 아니라고 해석해야 한다. 재외동포의 출입국과 법적 지위에 관한 법률에서는 재외국민과 외국국적을 가진 동포에 대해서도 출입국과 체류, 부동산거래와 금융거래, 건강보험 등 혜택을 부여한다. 한편, 북한 주민은 헌법 제3조에 따라 대한민국 국민에 포함된다. 헌법재판소와 대법원도 북한주민은 물론 북한이탈주민도 대한민국 국민이라고 판단한다(헌재 2000.8.31. 97헌가12 등).

영역

영역은 국가의 지역 기반으로서 국가의 통치권이 미치는 공간 범위를 말한다. 영역에는 영토뿐만 아니라 영해와 영공이 포함된다. 헌법은 제3조에서 "대한민국의 영토는 한반도와 부속도서로 한다"라고 규정하였다. 이때 영토는 영해와 영공을 포함하는 영역의 의미로 해석된다. 대한민국의 영토는 한반도와 부속도서로 하므로 북한지역도 당연히 이에 포함된다. 영해는 영토에 접속한 일정한 범위의 해역으로서 배타적 어업통제권, 해저광물자원의 채굴권 등 국가의 통치권이 미친다. 영해 및 접속수역법은 한반도와 그 부속도서에 접속한 12해리까지를 영해로 하고, 대한해협에서는 일본과의 관계를 고려하여 3해리까지로 제한하고 있다.

영공은 영토와 영해의 수직상공으로서 국가의 통치권이 미친다. 영공의 범위에 대해서는 대기권설, 인력설, 인공위성설, 영공무한설 등 다양한 견해가 있지만, 실효적 지배설이 다수의견이다. 이에 따르면 국가가 실효적으로 지배할 수 있는 영공까지만 영역에 포함된다.

주권

주권이란 국가의사를 결정하는 최고의 정치적 권력을 말한다. 주권은 정치권력을 정당화하기 위한 현실적 필요에서 발생하였으며, 대외적으로는 독립적이고 대내적으로는 최고의 권력이다. 주권은 절대적이고 통일적인 권력으로서 단일하고 항구적이며, 불가분적·불가양적이다. 이러한 특징은 주권과 주권에 의해 형성된 국가권력을 구별하게 한다. 주권은 정치현실에서 헌법 제정 권력으로 나타나며, 헌법 제정을 통해 구체적인 국가권력으로 변화된다. 이러한 과정을 거치면서 주권은 정치적·역사적 개념에서 법적 개념으로 전환된다. 주권은 헌법 제정 권력의 모습으로 헌법을 제정하고, 헌법을 통해 국가권력으로 변화하는 것이다. 대한민국 헌법 제1조 제2항은 "대한민국의 주권은 국민에게 있고, 모든 권력은 국민으로부터 나온다"라고 규정하여 국민주권주의를 선언하였다.

3. 헌법의 체계

헌법의 구성요소

헌법은 국가를 전제로 하고, 국가는 최종적으로 사람에 의해 운용된다. 국가권력은 헌법에 의해 조직되고 행사된다. 헌법은 국가, 사람, 법을 그 구성요소로 한다.

첫째, 국가는 정치권력이 작동하는 시스템이다. 정치란 무엇인가. 정치의 본질은 국가공동체에서 발생하는 가치를 배분하는 방식이라고 할 수 있다. 즉, 국가공동체에서 누가, 무엇을, 얼마나, 그리고 어떻게 가질 것인가를 결정하는 방식이다. 국가공동체의 갈등은 가치의 배분을 둘러싸고 발생하는데, 공정한 분배를 통해 이러한 갈등을 해결하고 사회를 통합하는 방식이 정치이다. 이때 공정한 분배의 대상은 재화나 용역 등 가치의 결과뿐만 아니라 국가공동체를 유지하기 위한 비용과 책임도 포함된다.

정치의 목적은 정당화될 수 없는 자의적인 불평등이 없는 상태를 실현하는 것이며, 이것이 곧 정의를 구현하는 것이라고 할 수 있다. 권력이란 자신의 의사를 상대방의 의사에 반하여 관철할 수 있는 힘이며, 권력이 상대방의 자발적인 동의를 얻은 상태를 권위라고 할 수 있다. 결국, 정치권력이란 국가공동체의 다양한 가치를 분배하는 힘이며, 현실에서 정치란 정치권력을 획득하기 위한 투쟁과 정치권력을 구체적으로 행사하는 과정인 것이다. 국가는 정치권력이 작동하는 시스템이며, 국가를 계기로 정치권력은 국가권력으로 제도화된다.

둘째, 국가권력을 구체적으로 행사하는 주체는 사람이다. 국가의 목적인 정의는 누가 구체적으로 결정할까. 바로 정치권력을 가진 주체, 즉 주권자가 결정한다. 역사적으로 왕, 귀족, 부르주아, 노동자와 농민이 단독으로 또는 연합하여 정치권력의 주체가 되었으며, 근대국가를 형성하는 과정에서 시대와 나라에 따라 다양한 형태로 나타났다. 사람은 누구나 자기보존과 확장의 욕망을 가지고 있다. 정치권력의 주체가 정의로운 목적과 이상을 가지고 국가권력을 획득하더라도 이러한 본능에 굴복하여 타인을 폭력적으로 지배하여 정의를 해칠 우려가 있다.

인류는 오랜 역사적 경험을 통해 이것이 기우가 아니라 언제

헌법은 개인의 자유와 권리를 보장하는 권리장전을 포함하고 있다. 권력과 자유를 조화롭게 보장하고 규율하는 것이다. 헌법은 국가의 정치질서와 개인의 생활질서를 형성하는 근본 규범이다. 헌법재판소도 "헌법은 국민적 합의에 의해 제정된 국민생활의 최고 도덕규범이며, 정치생활의 가치규범으로서 정치와 사회질서의 지침을 제공한다"라고 판단하였다(1989.9.8. 88헌가6).

든지 일어날 수 있는 일이라는 것을 깨닫게 되었다. 따라서 국가권력이 남용되지 않고 국가의 목적을 안정적으로 달성하기 위해 국가권력을 통제할 제도적 장치를 마련하게 되었다. 한편, 사람은 국가권력의 주체이지만, 현실적으로는 국가권력에 의해 지배되는 객체이기도 하다. 현대의 헌법주의에서는 국민이 주권자로 헌법을 제정함으로써 국가권력에 최종적으로 정당성을 부여하면서 국가권력을 행사하는 내용과 절차를 통제한다. 이와 동시에 국민은 국가권력이 그 권한을 행사하는 과정에서는 객체로서 자신의 자유와 권리를 침해받을 수 있는 위험한 상황에 처하게 된다. 국민은 이와 같이 국가권력과 관계에서 서로 모순적으로 여겨지는 이중적 지위를 가지고 있으며, 헌법은 이러한 국민의 이념적 모델로서 민주시민을 요구한다.

셋째, 헌법은 법규범이다. 이때 법은 구체적인 법률을 의미하는 것이 아니라 규범적 준거로서의 법 또는 법적 정신을 의미한다. 법이란 서로 다른 생각과 생활방식이 공존할 수 있도록 하는 기술이다. 국가권력의 주체가 국가의 목적을 제대로 달성하기 위해서는 국가권력체를 조직하고 국가권력을 행사하는 규범적 준거가 필요하다. 이것은 정치권력의 목적인 정의를 실현하는 준거틀이기도 하다. 정치권력이 정의를 실현하는 방법과 절차를 규정하고, 국가기관을 구성함으로써 국가권력으로 제도화하는 것이 헌법이다. 국가권력은 반드시 헌법에 따라 그 권한을 행사하도록 한다는 것이 바로 헌법의 본질적 기능이다.

훌륭한 민주시민이 좋은 헌법을 만들고, 좋은 헌법이 선한 국가를 만들고, 선한 국가에서는 더욱 훌륭한 민주시민이 양성된다. 이것이 이상적이다. 존재론적으로는 사람이 국가보다 우선이고, 국가가 헌법보다 우선이다. 하지만, 규범론적으로는 사람보다 국가가 우월하고, 국가보다 헌법이 우월하다. 사람, 국가, 그리고 법은 서로 영향을 주고받으면서 역사적 현실을 만들어간다. 규범론적 관점에서는 좋은 헌법을 만드는 것이 더욱 중요하다. 나쁜 국가라도 좋은 헌법을 가지면 선한 국가가 될 수 있지만, 나쁜 헌법은 선한 국가를 만들 수가 없기 때문이다. 또한, 비민주적 시민이라도 선한 국가를 가지면 민주시민이 될 수 있지만, 악한 국가는 민주시민을 양성하기 어렵기 때문이다.

헌법의 구조

대한민국 헌법은 전문, 제10장 제130개조, 부칙 6개 조항으로 구성되어 있다. 전문에서는 헌법의 연혁과 기본이념을 선언하고, 부칙에서는 헌법의 시행에 있어서 발생하는 공백 상태를 보충하는 경과규정을 두고 있다. 헌법의 본문은 크게 세 부분으로 구성되어 있다. 제1장 총강에서는 국가의 기본원리를 규정하고, 제2장에서는 국민의 기본적 권리와 의무를 규정하며, 제3장에서 제10장까지에서는 국가조직의 작용, 경제질서, 헌법개정에 대해 규정한다. 구체적으로는 다음과 같다.

첫째, 헌법의 전문(前文)은 헌법의 본문 앞에 위치한 문장으로 헌법전의 일부를 구성하는 서문이다. 전문은 헌법을 제정하고 개정하게 된 역사적 경위를 밝히고, 헌법을 제정하는 주체, 헌법을 제정하는 목적, 그리고 헌법의 기본원리를 설명한다. 전문에서는 국민이 헌법을 제정하고 개정하였으며, 우리들과 우리들의 자손의 안전과 자유와 행복을 영원히 확보할 것을 목적으로 한다고 선언한다. 전문은 헌법전의 일부로서 헌법의 제정과 개정의 역사적 경위뿐만 아니라 헌법의 기본원리를 포함하고 있으므로, 헌법 규범으로서 법적 효력을 갖는다고 해석된다. 헌법재판소도 "헌법 전문은 헌법의 이념 내지 가치를 제시하고 있는 헌법규범의 일부로서 헌법으로서의 규범적 효력을 나타내기 때문에 구체적으로는 헌법소송에서의 재판규범인 동시에 헌법이나 법률해석에서의 해석기준이 되고, 입법형성권 행사의 한계와 정책결정의 방향을 제시하며, 나아가 모든 국가기관과 국민이 존중하고 지켜가야 하는 최고의 가치규범이다"라고 판단하였다 (1989.9.8. 88헌가6).

둘째, 제1장 총강에서 제1조부터 제9조까지 헌법의 핵심사항을 규정한다. 즉, 제1조에서 대한민국의 국가형태와 주권을, 제2조에서 국민을, 제3조에서 영역을 각각 규정하여 국가의 구성요소를 확인한다. 제4조에서는 평화통일을, 제5조에서는 국제평화주의와 국군을, 제6조에서는 국제법 존중을 각각 규정하여 통일·국방·외교의 기본원칙을 선언한다. 제7조에는 공무원제도를, 제8조에서는 정당제도를, 제9조에서는 문화국가주의를 각각 규정한다.

셋째, 제2장(제10조~39조)에서 국민의 권리와 의무를 규정하였다. 제10조부터 제36조까지는 기본권을 나열하였다. 즉, 제10조에서는 인간의 존엄과 가치, 행복추구권을 확인하고 국가의 기본권보호의무를 규정한다. 제11조에서는 평등권을 , 제12조부터 제36조까지는 자유권, 사회권 등을 각각 규정한다. 제37조에서는 기본권을 제한할 수 있는 헌법적 근거와 기본권 제한의 한계를 규정한다. 특히, 제38조와 제39조에서는 국민의 헌법적 의무를 규정한다. 다만, 기본권을 분류하여 목록화하거나 체계화하지는 않고 있다.

　넷째, 제3장에서 제8장까지 헌법기관의 조직과 권한의 기본적 내용을 규정한다. 제3장에서는 국회를, 제4장에서는 정부(대통령과 행정부)를, 제5장에서는 법원을, 제6장에서는 헌법재판소를, 제7장에서는 선거관리를, 제8장에서는 지방자치를 각각 규정한다. 이 규정을 통해 헌법기관은 국가권력을 행사할 수 있는 정당성과 적법성을 부여받는다. 이와 동시에 이들 규정은 국가권력을 행사하는 기준과 절차를 규정함으로써 국가권력을 통제하는 기능을 한다.

　다섯째, 제9장(제119조~제127조)에서 경제질서의 기본원칙과 국가의 책무를 규정한다. 제119조 제1항은 "대한민국의 경제질서는 개인과 기업의 경제상의 자유와 창의를 존중함을 기본으로 한다"라고 규정하여 경제질서의 기본원칙을 선언하였다. 또한, 제2항에서는 "국가는 균형있는 국민경제의 성장 및 안정과 적정한 소득의 분배를 유지하고, 시장의 지배와 경제력의 남용을 방지하며, 경제주체간의 조화를 통한 경제의 민주화를 위하여 경제에 관한 규제와 조정을 할 수 있다"라고 규정한다. 제120조부터 제127조까지는 경제질서의 기본원칙을 집행하기 위한 국가의 책무와 제도를 좀 더 구체적으로 규정한다.

여섯째, 제10장(제128조~제130조)에서 헌법개정에 대해 비교적 자세하게 규정한다. 우리 헌법은 경성헌법을 채택하여 헌법개정의 절차를 법률 개정의 절차보다 까다롭게 하고, 이를 헌법에서 직접 규정한 것이다. 이는 헌법의 규범력을 강화하고 헌법을 보장하는 수단이기도 하다.

일곱째, 헌법은 마지막으로 부칙을 규정한다. 여기에서는 새로운 헌법을 시행하면서 발생하는 입법의 공백을 보충하는 한편, 법적 안정성을 확보하기 위해 경과규정을 두고 있다. 즉, 새로운 헌법의 시행을 명확하게 선언하고, 대통령 등 헌법기관의 구성, 공무원 등 국가기관의 업무, 조약의 효력에 대해 특례를 규정한다.

헌법의 인간상

대한민국은 개인이 인간으로서의 존엄과 가치를 가지고, 자유롭고 평등하게 자신의 행복을 추구할 수 있는 국가공동체를 지향한다. 이것이 대한민국 헌법의 가치이자 이념적 지향점이다. 이러한 헌법적 가치에 반대하는 사람은 없을 것이다. 다만, 이 가치를 구체적으로 실현하는 방법에 대해 다양한 의견이 대립될 수 있다.

헌법은 제10조에서 "모든 국민은 인간으로서의 존엄과 가치를 가지며, 행복을 추구할 권리를 가진다. 국가는 개인이 가지는 불가침의 기본적 인권을 확인하고 이를 보장할 의무를 진다"라고 규정한다. 헌법은 국가의 기본법으로서 국가공동체의 비전과 가치를 규정한 것이다. 하지만, 헌법 규정 사이에서 그 규범적 효력은 차이가 있다. 인간의 존엄과 가치는 헌법 규정 중에서도 가장 핵심적인 헌법적 가치로서 최고의 규범력을 갖는다.

인간이 본래부터 존엄하고 가치로운가. 인간의 본질에 대한 모든 철학적 탐구는 인간은 그 자체로 존엄하고 가치 있는 존재라고 말한다. 인간의 본질을 철학적으로 탐구하는 주체가 인간 자신이라는 한계가 있지만, 인간 본성과 행동에 악마성과 부조리가 있음에도 불구하고 실존으로서의 인간조차 존엄하고 가치 있다고 한다. 헌법은 인간의 존엄과 가치를 명제로 선언하고 있다. 이때 인간은 국가공동체의 구성원이자 사회상태에서의 개인을 의미한다. 이것은 타인과 관계를 단절한 상태에 있는 고립된 개인이 아니고, 자율성과 개성을 상실한 채 국가공동체라는 유기체를 구성하는 부속품도 아니라는 것이다.

헌법에서 규정하는 인간이란 타인과 사회, 그리고 국가공동체와 유기적인 관계를 맺는 인격적 존재를 전제로 한다. 인간은 개인으로서는 자율적으로 자신의 삶의 방식을 선택하고 누리지만, 사회적으로는 타인과의 관계 속에서 공동체의 유지와 조화를 이루는 인격체이다. 우리 헌법은 개인의 자유가 공동체 발전의 조건이 되는 동시에 공동체의 발전이 개인의 자유의 전제가 되는 관계를 지향한다고 해석된다.

헌법재판소는 이러한 인간상을 사회공동체의 구성원으로서 인격과 개성을 지닌 자율적인 인격적 인간이라고 표현한다. 즉, "헌법상의 인간상은 자기결정권을 지닌 창의적이고 성숙한 개체로서의 국민이다. 우리 국민은 자신이 스스로 선택한 인생관·사회관을 바탕으로 사회공동체 안에서 각자의 생활을 자신의 책임 하에 스스로 결정하고 형성하는 민주적 시민이다"라고 판단하였다(1998.5.28. 96헌가 5). 헌법이 전제하는 대로 인간이 존엄과 가치를 가진 존재로 살기 위해서는 평화가 필요조건이다. 평화가 확보되지 않은 상태에서 인간은 존엄할 수도 없고 가치로운 존재가 될 수도 없기 때문이다.

4. 평화의 헌법적 의미

헌법규정

대한민국은 법에 의해 통치되는 법치국가이다. 헌법은 최고법이며, 다양한 방식으로 평화를 규정하고 있다.

대한민국은 1948년 헌법을 제정하면서부터 전문에서 "밖으로는 항구적인 국제평화의 유지에 노력"한다고 규정하여 평화를 헌법적 가치로 수용하였다. 그 이후 9차례에 걸쳐 헌법을 개정하면서 평화를 더욱 구체적으로 헌법원리로 발전시켰다. 즉, 1963년 개정헌법은 제4조에서 "대한민국은 국제평화의 유지에 노력하고 침략적 전쟁을 부인한다"고 규정하여 국제평화의 유지에 노력한다는 내용을 추가하였다. 1972년 개정헌법에서는 전문에서 "밖으로는 항구적인 세계평화에 이바지함으로써"라고 표현을 고치고, 통일주체국민회의를 신설하면서 '조국의 평화적 통일'을 규정하였다. 특히, 대통령에게 조국의 평화적 통일을 위

한 성실한 의무를 부과하고 취임선서에서 이를 밝히도록 규정
하였다. 1980년 헌법에서는 전문에서 "유구한 민족사, 빛나는 문
화, 그리고 평화애호의 전통을 자랑하는 우리 대한국민은"이라
고 표현을 수정하였고, 대통령의 자문기구로 평화통일정책자문
회의에 대해 규정하였다.

　1987년 개정된 현행 헌법은 전문과 본문 총 5개 조항에서 평
화에 대해 규정한다. 전문에서는 "… 평화적 통일의 사명에 입각
하여, … 밖으로는 항구적인 세계평화와 인류공영에 이바지함으
로써"라고 규정하였다. 제4조는 "대한민국은 통일을 지향하며,
자유민주적 기본질서에 입각한 평화적 통일정책을 수립하고 이
를 추진한다"라고, 제5조 제1항은 "대한민국은 국제평화의 유지
에 노력하고 침략적 전쟁을 부인한다"라고 각각 규정하였다. 제
66조 제3항은 "대통령은 조국의 평화적 통일을 위한 성실한 의
무를 진다"라고, 제69조는 "대통령은 취임에 즈음하여 다음의 선
서를 한다. 나는 헌법을 준수하고 국가를 보위하며 조국의 평화
적 통일과 국민의 자유와 복리의 증진 및 민족문화의 창달에 노
력하여 대통령으로서의 직책을 성실히 수행할 것을 국민 앞에
엄숙히 선서합니다"라고 규정한다. 또한, 제92조 제1항은 "평화
통일정책의 수립에 관한 대통령의 자문에 응하기 위하여 민주평

화통일자문회의를 둘 수 있다"라고, 제2항은 "민주평화통일자문회의의 조직 · 직무범위 기타 필요한 사항은 법률로 정한다"라고 각각 규정하였다.

헌법은 '국제평화의 유지'와 '조국의 평화적 통일'에서 평화에 대해 직접 규정한다. 국제평화의 유지는 1948년 헌법에서부터 지금까지 계속 규정하고 있으며, 조국의 평화적 통일은 1972년 개정헌법에서부터 지금까지 헌법원리로 선언하고 있다. 우리 헌법은 평화를 헌법적 가치로 수용한다. 대한민국의 국가정체성이 평화를 지향한다는 것을 전제로 하며, 인간이 행복하고 평화롭게 생활하는 것을 기본권으로 보장한다. 또한, 사회복지국가와 문화국가를 통해 개인과 사회의 평화를 추구한다. 나아가 국가와 국민에게 환경보존의 의무를 부과하는 것도 생태평화를 지향하는 것으로 해석된다.

평화의 헌법적 가치

평화는 헌법적 가치로서 모든 국가기관과 국민을 지도하는 기본적 원리이다. 평화는 헌법이 지향하는 목표를 실현하기 위해 국가를 조직하고 구성하는 최상의 규범적 기준이다. 국가기관은 물론 국민도 헌법의 기본원리에 따라야 할 헌법적 의무를 진다. 헌법적 가치인 평화는 구체적으로 다음과 같은 규범적 의미를 갖는다.

첫째, 헌법조항을 포함하여 모든 법령을 해석하는 규범적 기준이 된다. 평화의 구체적 의미는 헌법 해석을 통해 도출되지만, 그것이 헌법을 해석하는 기준으로 기능하기도 한다. 헌법은 국가의 조직과 구성에 관하여 핵심적이고 기본적인 사항만 규정하므로 추상적이고 개방적이다. 헌법을 체계적이고 규범조화적으로 이해하기 위해서는 헌법조항을 통일적으로 해석해야 한다. 이 과정에서 헌법과 법령의 의미와 내용이 명확하지 않을 경우에 평화는 헌법 해석을 보완하는 역할을 한다.

둘째, 입법, 행정, 사법에 관한 모든 국가작용을 규율한다. 평화는 입법의 방향과 지침을 제시하며, 입법권의 범위와 한계를 설정하는 기준이 된다. 행정에 있어서도 국가기관은 평화에 부합하도록 국가정책을 설정해야 한다. 또한, 사법에서도 평화는 헌법조항과 법령을 해석하고 적용하는 최고의 규범적 기준이다. 헌법적 가치로서 평화는 단순히 정치적 선언이나 프로그램이 아니라 법적 구속력을 갖는 구체적이고 현실적인 규범이다. 따라서 모든 국가기관은 평화를 실현해야 할 헌법적 의무를 부담하며, 이에 위반되는 국가작용을 해서는 안 된다.

셋째, 국가기관의 권한 행사가 헌법적으로 정당한지 여부를 심사하는 기준이다. 평화의 구체적인 의미와 내용은 역사적 상황과 조건에 따라 다양하게 나타날 수밖에 없다. 헌법적 가치로서 평화가 재판 규범 또는 통제 규범으로서 기능하는 경우에는 입법과 행정에서 폭넓은 재량이 인정된다. 따라서 국가기관의 작용의 위헌성 여부 심사에서는 적극적으로 평화를 실현하였는지를 판단하기보다는 소극적으로 평화를 침해하였는지를 심사한다. 국가기관이 평화를 침해하였다는 것이 명백히 인정되지 않는 한 그 작용은 합헌적이라는 추정을 받을 것이다.

평화라는 헌법적 가치는 입법, 행정, 사법 등의 모든 국가작용을 규율하므로 그 내용과 범위를 확정하는 것은 매우 중요하다. 헌법이 규정하는 평화의 내용과 범위는 국민주권주의, 자유민주주의 등 다른 헌법의 기본원리와 조화롭게 해석해야 한다.

헌법 제1조 제1항은 "대한민국은 민주공화국이다"라고 규정하여 대한민국의 정체성을 선언하였다. 대한민국은 우리나라의 이름, 즉 국호이다. 한자로는 大韓民國이라고 하고, 영어로는 'Republic of Korea'라고 한다. 그렇다면, 우리나라의 이름은 누가 결정했을까. 국민이 결정하였고, 이는 헌법에 규정되었다. 우리 국민은 1948년 헌법을 제정하면서 제1조에서 "대한민국은 민주공화국이다"라고 규정하였다. 이것은 1919년 3.1운동 이후 중국에서 설립된 임시정부에서 채택하였던 것을 승계한 것이다. 우리 헌법은 그 이후 9차례에 걸쳐 개정되었으나, 이 내용은 조금도 변하지 않고 그대로 유지하고 있다.

대한민국이란 어떤 나라이며, 가장 본질적인 정체성은 무엇일까. 그 의미는 우선 대한민국이라는 이름에 잘 나타나 있다. '민국'이라는 것은 두 가지 의미를 포함한다. 첫째는 국민이 주권자인 나라라는 것이다. 바로 '대한제국(帝國)'이 아니라는 것이다. 둘째는 공화국이라는 것이다. 서양의 근대국가는 인류의 가장 이상적인 국가 형태를 로마의 공화정으로 이해하고 있었고, 이때 '공화국'이란 왕이나 군주를 인정하지 않고 국가공동체 구성원 모두의 '공공의 선(善)'을 추구한다는 것을 의미한다. 루소는 공화국을 '인민의 일반의지인 법에 의해 지배하는 것'이라고 정의하기도 하였다. 라틴어인 'Res Publica'는 공공의 선을 의미하는데, 19세기 동아시아에서 서양의 법사상과 이론을 소개하면서 'Republic'을, 중국인들은 '민국(民國)'으로, 일본인들은 '공화국(共和國)'이라고 각각 번역하였다.

우리 헌법은 제1조 제1항에서 대한민국의 본질적인 정체성을

'민주공화국'이라고 선언하였다. 이때 '민주'란 국민이 주권자라는 것을 의미하며, '공화국'이 '민국'과 같은 의미이다. 따라서 대한민국이라는 이름에는 민주공화국이라는 우리나라의 성격이 포함되어 있다고 할 수 있다. 결국, 대한민국이란 '위대한 한(韓)민족인 우리나라는 국민이 주권을 가지고, 국민 전체의 공익을 추구하는 나라'라는 것을 선언한 것이다. 대한민국이 민주공화국이라는 것은 국가의 정체성을 선언한 것이며, 이는 폭력적 지배를 배척하고 평화로운 국가공동체를 실현할 것이라는 다짐이기도 하다.

제4장

국제평화

1. 평화의 국제화

현대국가는 과학기술과 정보화의 발달에 따라 세계화가 촉진되고 있다. 국가는 세계의 다른 나라와 밀접하게 관련되어 국제사회의 안전과 평화가 중요한 과제가 되고 있다. 개인이 인간의 존엄과 가치를 누리며 자유롭고 평등하게 행복을 추구하기 위해서는 국가의 안전뿐만 아니라 국제사회의 평화가 반드시 필요하게 된 것이다.

제2차 세계대전 이후 국제사회는 국제연합을 설립하는 등 국제평화를 위해 노력하고 있지만, 큰 성과를 거두지 못하고 있는 것이 현실이다. 독일 기본법은 국제평화를 위해 평화 교란 행위는 물론 군수물자의 생산, 수송, 유통을 금지하고, 침략전쟁을 거부한다는 것을 직접 규정하였다. 또한, 양심적 병역거부를 인정하고 국제법규가 국내법보다 우월한 효력을 가진다는 것도 선언하였다. 일본헌법도 교전권의 포기는 물론 군사적 전력을 보유하는 것 자체도 금지한다. 이 외에도 헌법에서 침략전쟁을 부인하고 국제적 분쟁을 평화적으로 해결할 것을 선언하거나 영세중립국을 선언하는 국가들도 있다.

대한민국 헌법은 전문에서 "밖으로는 항구적인 세계평화와 인류공영에 이바지함으로써"라고, 제5조 제1항에서 "대한민국은 국제평화의 유지에 노력하고 침략적 전쟁을 부인한다"라고 각각 규정하여 국제평화주의를 선언하였다. 국제평화주의는 대한민국 헌법의 기본원리이며, 국가권력은 국제평화를 위해 노력해야 할 헌법적 의무를 부담한다. 국가권력이 국제평화를 깨트리는 행위를 하게 되면 헌법 위반이 된다. 헌법은 국제평화주의를 실현하기 위해 침략적 전쟁을 부인하고, 국가에게 국제평화의 유지에 노력할 의무를 부과한다. 또한, 국군의 정치적 중립성을 선언하고, 국제법에 대해서도 법적 효력을 부여하는 한편, 외국인의 법적 지위도 보장한다.

2. 침략적 전쟁의 부인

헌법은 제5조 제1항에서 "대한민국은 국제평화의 유지에 노력하고 침략적 전쟁을 부인한다"라고 규정하여 국제평화를 위해 침략적 전쟁을 금지한다. 침략전쟁이란 영토를 확장하거나 국가 이익을 확보하기 위해 수행하는 전쟁이다. 이는 외국의 무력 공격으로부터 국민과 영토를 수호하기 위해 수행하는 자위전쟁에 대응된다. 즉, 침략전쟁은 금지되지만 국가를 보위하고 국민의 안전을 지키기 위한 자위전쟁은 허용된다. 헌법 제5조 제2항은 "국군은 국가의 안전보장과 국토방위의 신성한 의무를 수행함을 사명으로 하며"라고 규정하였다. 국가의 안전보장과 국토방위는 자위전쟁의 목적이며, 이를 수행하는 것은 국군의 헌법적 의무이다. 이외에도 헌법은 대통령의 국군통수권, 국가안전보장회의, 군사법원, 선전포고 등 군사적 조치와 관련된 사항을 규정하였는데, 이는 모두 침략전쟁이 아닌 자위전쟁을 전제로 하는 것이다.

어떤 국가라도 외국으로부터 침략을 받으면, 국가공동체의 존립과 안전을 유지하기 위해서 그 침략에 대응하여 전쟁을 할 수밖에 없다. 이러한 자위전쟁을 금지하면, 외국의 부당한 침략으로부터 국가공동체를 수호할 수가 없기 때문에 자위전쟁은 허용된다고 본다. 세계의 모든 국가가 침략전쟁을 개시하지 않으면, 자위전쟁은 발생하지 않는다. 따라서 헌법에서 침략전쟁만 금지하는 것으로도 충분히 국제평화를 유지할 수 있다고 해석할 수도 있다. 하지만, 국제사회의 현실에서 침략전쟁과 자위전쟁을 명확하게 구별하기는 매우 어렵다.

어떤 국가가 전쟁을 개시할 경우에 대외적으로 전쟁의 명분과 정당성을 선포할 것이며, 스스로 침략전쟁이라고 선언하는 경우는 없을 것이다. 또한, 침략전쟁인지 자위전쟁인지를 누가 결정할 것인지도 중요한 문제이다. 국가가 침략전쟁을 하면 그 자체가 헌법을 위반한 것이고, 이를 통해 국민의 생명과 재산 등을 침해한 경우에는 헌법이 보장하는 기본권을 침해하는 것이다. 결국, 헌법재판소가 개별적인 사안에서 전쟁의 원인, 경과, 무력 사용의 정도, 기본권의 침해 여부 등을 종합하여 침략전쟁인지 여부를 판단할 것이다.

3. 국제평화의 유지

대한민국이 침략전쟁을 하지 않으면, 그 자체만으로 헌법을 준수한 것이다. 하지만, 헌법은 대한민국에게 국제평화의 유지에 노력해야 할 헌법적 의무를 부과하였다. 헌법은 소극적으로는 침략전쟁을 금지하지만, 적극적으로는 국제평화의 유지에 노력해야 하는 의무를 부과한다. 헌법은 침략전쟁의 금지를 넘어 국제평화를 유지하기 위해 노력해야 할 적극적 의무를 부과한 것이다. 침략전쟁을 금지하고 국제평화의 유지에 노력해야 하는 주체는 대한민국이고, 여기에는 국가기관과 국민 모두가 포함된다.

대한민국이 침략전쟁을 개시하면 그 자체가 국제평화의 유지 의무를 위반하는 것이다. 대한민국이 침략전쟁을 하지 않는 것만으로 국제평화의 유지에 노력할 의무를 이행하였다고 할 수는 없다. 대한민국이 국제평화의 유지에 노력할 의무가 무엇인지는 명확하지 않다. 국가가 자위권을 발동하는 것이 아니더라도 국제평화를 위해 군사적 활동을 전개하는 것은 허용될 수 있다. 국제연합 등 국제기구의 결의에 따라 전투병 또는 비전투병을 외국에 파견하는 것이나 의료나 구호 등 활동을 전개하는 것은 국제평화의 유지를 위해 노력해야 하는 헌법적 의무에도 부합하는 것이다. 다만, 그것이 침략적 전쟁인 경우에는 허용되지 않는다.

국가가 국제평화의 유지를 위해 노력하는 것은 헌법적 의무이고, 이를 위반하면 위헌이 된다. 국제평화의 유지를 위해 노력할 의무를 위반한 것인지 여부는 헌법재판에서 매우 중요하다. 위헌으로 판단되면 그 법률이 무효화되는 등 강력한 법적 효과가 발생하기 때문이다. 하지만, 평화의 개념을 확정하는 것이 어렵듯이 국제평화의 유지를 위해 노력하는 것이 무엇인지를 판단하는 것은 쉽지 않은 일이다.

헌법재판소는 국제평화주의를 헌법원리로 수용하면서도 국제평화의 유지를 위해 노력할 의무에 대한 위헌심사 기준을 명확하게 제시하지 않고 있다. 헌법재판소는 "국가의 존립·안전과 국민의 생존 및 자유를 수호하기 위하여 국가보안법의 해석·적용상 북한을 반국가단체로 보고 이에 동조하는 반국가활동을 규제하는 것 자체가 헌법이 규정하는 국제평화주의에 위반된다고 할 수 없다"라고 판단하였다(2003.5.15. 2000헌바66).

국가가 국제평화의 유지를 위해 노력할 의무는 소극적으로 국가의 부작위만으로는 충분하지 않다. 국가는 적극적으로 법령과 제도를 만들어 국제평화의 유지에 노력해야 한다. 국가는 국제평화의 유지를 위해 구체적으로 어느 정도 노력해야 헌법적 의무를 이행한 것으로 인정되어 헌법 위반이 아닐까. 국제평화의 유지는 국가의 안전을 포함하는 고도의 정치적·외교적인 문제와 밀접하게 관련된다. 따라서 국제평화의 유지에 필요한 노력의 일반적인 기준을 제시하는 것은 매우 어렵다. 다만, 국가의 기본권보호의무에 관한 위헌 심사 기준을 참고하여 이에 준하여 국제평화의 유지에 노력해야 할 헌법적 의무에 대한 위헌 여부를 판단할 수 있을 것이다.

헌법 제10조는 후문에서 "국가는 개인이 가지는 불가침의 기본적 인권을 확인하고 이를 보장할 의무가 있다"라고 규정하였다. 헌법재판소는 "국가가 국민의 법익보호를 위하여 적어도 적절하게 효율적인 최소한의 보호조치를 취했는가를 기준으로 심사한다"(1997.1.16. 90헌마110), "국가가 아무런 보호조치를 취하지 않았든지 아니면 취한 조치가 법익을 보호하기에 전적으로 부적합하거나 매우 불충분한 것임이 명백한 경우에 한하여 국가의 보호의무의 위반을 확인하여야 한다"(2008.12.26. 2008헌마41)

라고 각각 판단하였다.

　헌법재판소는 국제평화와 관련된 개별적 사안의 성질과 국가
이익이 제한되는 정도, 서로 상충하는 법익을 형량하여 구체적
사안에서 국가가 국제평화의 유지에 노력할 의무를 위반하였는
지 여부를 판단해야 한다. 국가가 평화에 대한 헌법적 의무를 위
반하였다고 인정하기 위해서는 헌법이 국가에게 구체적인 의무
를 부과해야 한다. 또한, 국가가 아무런 조치를 취하지 않았든지
아니면 취한 조치가 법익을 보호하기에 전적으로 부적합하거나
매우 불충분한 것임이 명백한 경우에 한하여 헌법 위반이 된다.
이때에도 헌법재판소는 국가가 국제평화의 유지에 노력할 헌법
적 의무를 위반하였음을 확인할 수 있을 뿐, 국가에게 특정한 조
치를 취할 의무를 부과할 수는 없다. 이는 권력분립의 원칙에 위
반되기 때문이다.

4. 국군의 헌법적 의무와 정치적 중립성 보장

헌법 제5조 제2항은 "국군은 국가의 안전보장과 국토방위의 신성한 의무를 수행함을 사명으로 하며, 그 정치적 중립성은 준수된다"라고 규정하였다. 국가는 스스로 존립과 안전을 위해 군대를 보유한다. 헌법은 국군에게 국가의 안전을 보장하고 국토를 방위할 것을 신성한 헌법적 의무로 부과한다. 헌법 제39조는 제1항에서 "모든 국민은 법률이 정하는 바에 의하여 국방의 의무를 진다"라고, 제2항에서 "누구든지 병역의무의 이행으로 인하여 불이익한 처우를 받지 아니 한다"라고 각각 규정하였다. 국군이 군사력을 행사하는 것은 국가의 안전보장과 국토방위를 위한 경우에만 정당화된다.

헌법 제74조 제1항은 "대통령은 헌법과 법률이 정하는 바에 의하여 국군을 통수한다"라고 규정하였다. 대통령은 국가원수이자 행정권의 수반으로서 국군을 통솔하고 지휘·운용하는 최고의 통수권을 가진다. 국군통수권은 군정권과 군령권을 포함한다. 군정은 군대를 조직·편성하고 병력을 취득·관리하는 양병작용이고, 군령은 군사작전을 통해 현실적으로 군대를 지휘·명령하는 용병작용이다. 대통령은 군정과 군령을 모두 일반행정기관을 통해 통솔한다. 이를 군정·군령일원주의라고 한다. 대통령이 국군통수권을 행사하는 경우에는 일정한 제한이 있다.

첫째, 대통령은 국군에 대한 헌법 원칙을 준수해야 한다. 국군은 국가의 안전보장과 국토방위의 신성한 의무를 수행하기 위해서만 활동해야 하며, 그 정치적 중립성을 보장해야 한다. 국군의 정치적 중립성은 국가권력이 국군을 정치적으로 이용해서는 안 되고, 국군도 정치에 간섭해서는 안 된다는 것이다. 이는 대한민국의 헌정사에서 국군의 정치적 개입을 통해 민주주의가 파괴된 역사적 현실을 반영한 것으로 평가된다. 이에 따라 헌법은 군인은 현역을 면한 후가 아니면 국무총리나 국무위원으로 임명될 수 없도록 규정한다.

둘째, 대통령의 국군통수권은 헌법적으로 통제되어야 한다. 대통령은 헌법과 법률이 정하는 바에 의하여 국군을 통수해야 한다. 국군의 조직과 편성은 법률로 정하므로 이에 따라야 한다. 국회는 선전포고, 국군의 외국 파견 또는 외국 군대의 대한민국 영역 안에서의 주류에 대한 동의권을 가진다. 군사에 관한 중요

사항은 국무회의의 심의를 거쳐야 하고, 군사정책의 수립에 관하여는 국무회의 심의에 앞서 국가안전보장회의의 자문을 받을 수 있다. 대통령의 국군통수권의 행사는 국법상 행위이므로 문서에 의해야 하고, 국무총리와 관계 국무위원이 부서해야 한다.

헌법은 국가의 존립이나 헌법질서의 유지가 위태롭게 된 경우에 이를 극복하기 위한 비상적 수단을 발동할 수 있는 국가긴급권으로 계엄권을 규정하였다. 현대국가에서는 비상적 사태가 발생할 가능성이 크고, 이때 정상적인 국가권력 행사 방식으로는 이를 극복하기 어렵다. 헌법은 헌법 질서를 수호하기 위해 스스로 국가긴급권을 규정하였다. 대통령은 국가원수로서 국가의 독립·영토의 보전·국가의 계속성과 헌법을 수호할 책무를 진다. 헌법은 헌법의 수호자인 대통령에게 국가긴급권을 부여한 것이다. 국가긴급권에 대한 헌법 규정은 국가긴급권을 발동할 수 있는 근거가 되는 동시에 국가긴급권의 요건과 한계를 설정하여 그 남용을 방지하는 기능을 한다.

헌법 제77조 제1항은 "대통령은 전시·사변 또는 이에 준하는 국가비상사태에 있어서 병력으로써 군사상의 필요에 응하거나 공공의 안녕질서를 유지할 필요가 있을 때에는 법률이 정하는 바에 의하여 계엄을 선포할 수 있다"라고 규정하였다. 계엄선포권은 국가비상사태에 병력을 동원하는 권한으로서 군에 의한 통치를 가능하게 하는 가장 강력한 국가긴급권이다. 계엄의 종류에는 비상계엄과 경비계엄이 있다. 계엄권은 엄격한 요건에서만 발동할 수 있고, 다음과 같은 절차를 거쳐야 한다.

첫째, 전시·사변 또는 이에 준하는 국가비상사태가 있어야 한다. 이에 준하는 비상사태란 집단적 폭동이나 자연재해 등으로 사회질서가 극도로 교란된 상태를 말한다. 이러한 국가비상상태는 현실적으로 발생되어야 하고, 단순히 예견되는 경우에는 계엄권을 발동할 수 없다. 또한, 병력으로써 군사상의 필요에 응하거나 공공의 안녕질서를 유지할 필요가 있어야 한다. 계엄권은 군사작전이 필요하거나 공공의 안녕질서를 유지하기 위해 병력 동원이 필요하여야 한다. 따라서 경찰력만으로 비상사태를 극복할 수 있는 경우에는 계엄권을 발동할 수 없다.

둘째, 국무회의의 심의를 거쳐야 한다. 대통령의 행위이므로 문서에 의해야 하고, 국무총리와 관계 국무위원이 부서해야 한다. 국가긴급권이라도 대통령의 권한을 행사하는 절차를 준수해야 한다. 또한, 계엄을 선포한 때에는 대통령은 지체없이 국회에 통고하여야 한다. 국회가 재적의원 과반수의 찬성으로 계엄의 해제를 요구한 때에는 대통령은 이를 해제하여야 한다. 이때

계엄이 해제된 날부터 모든 행정사무와 사법사무는 평상 상태로 복귀한다. 비상계엄으로 군사법원에 계속 중인 재판사건의 관할은 비상계엄의 해제와 동시에 일반법원에 속한다.

5. 국제법의 존중

국내법과 관계

국제법은 국제사회에서 국가 사이에 명시적 또는 묵시적으로 합의한 것에 기초하여 형성된 법률 체계를 말한다. 국제법은 전통적으로 국가 상호간의 관계를 규정하는 것이었으나, 최근에는 개인이나 국제연합 등 국제조직도 법률관계의 당사자로서 국제법 주체로 인정된다.

국제사회에서 평화가 보장되기 위해서는 국제법이 존중되어야 하고, 국가 사이에 발생하는 분쟁은 국제법에 의해 평화적으로 해결되어야 한다. 하지만, 국제사회에는 국제법의 규범력을 실효적으로 집행할 수 있는 세계적 국가나 정부가 마련되지 않아 법규범으로서의 효력에는 한계가 있다. 헌법 제6조 제1항은 "헌법에 의하여 체결·공포된 조약과 일반적으로 승인된 국제법규는 국내법과 같은 효력을 가진다"라고 규정하였다. 국제법에 대해서도 국내법과 같은 효력을 부여하여 국제법을 존중하는 것이다.

국내법과 국제법은 어떤 관계가 있는가. 일원론은 하나의 법체계로 이해하고, 이원론은 각각 다른 법체계로 이해한다. 이원론에 따르면 법체계가 상이하므로 국내법과 국제법은 모순과 충돌이 발생할 여지가 없다. 하지만, 일원론에 따르면 국내법과 국제법은 서로 모순되거나 충돌할 가능성이 있어 국내법과 국제법의 효력을 서로 조정할 필요가 있다. 헌법 제6조 제1항은 일원론인지 이원론인지를 명확하게 규정하고 있지 않다. 헌법재판소는 헌법에 의하여 체결·공포된 조약과 일반적으로 승인된 국제법규에 대해서는 법률과 같은 효력을 인정하여 헌법보다 하위의 법규범으로 해석한다(2001.4.26. 99헌가13). 이는 일원론에 따른 해석으로 평가된다.

조약의 효력

조약이란 국가 등 국제법의 주체 상호간에 권리와 의무에 대한 법적 효과를 발생시킬 목적으로 문서로 이루어진 합의를 말한다. 조약인지 여부는 그 명칭과 관계없이 실질적인 내용과 규범력을 기준으로 판단해야 한다. 헌법에 의해 체결·공포된 조약은 국내법과 동일한 효력을 가지는데, 그 의미가 명확하지 않다. 국내법에는 헌법, 법률, 명령 등이 포함되기 때문이다.

헌법 규정에 따르면, 조약은 헌법보다 하위의 효력을 가지며, 법률 또는 명령과 동일한 효력을 갖는다고 해석된다. 즉, 조약은 헌법에 의해 체결·공포된 경우에만 국내법적 효력을 가지므로 헌법이 조약의 권원이 된다. 헌법 부칙 제5조도 "이 헌법 시행 당시의 법령과 조약은 이 헌법에 위배되지 아니하는 한 그 효력을 지속한다"라고 규정하여 간접적으로 헌법이 조약보다 상위의 효력을 가진다고 선언하였다. 헌법재판소도 위헌법률심판의 대상인 '법률'에는 조약도 포함되므로 조약은 위헌법률심판의 대상이 된다고 판단하였다(2001. 9. 29. 2000헌바20).

헌법 제60조 제1항은 "국회는 상호원조 또는 안전보장에 관한 조약, 중요한 국제조직에 관한 조약, 우호통상항해조약, 주권의 제약에 관한 조약, 강화조약, 국가나 국민에게 중대한 재정적 부담을 지우는 조약 또는 입법사항에 관한 조약의 체결·비준에 대한 동의권을 가진다"라고 규정하여 중요한 조약은 반드시 국회의 동의를 받도록 하였다. 조약에 대해 국회동의를 요구하는 것은 권력분립의 원칙에 따라 국회의 입법권을 보장하기 위한 것이다. 대통령이 입법사항에 대해 조약을 체결하는 것은 국회의 입법권을 침해할 수 있으므로 입법사항을 포함하는 중요한 조약에 대해서는 국회가 동의권을 가지도록 한 것이다. 따라서 조약이라고 하더라도 행정협정과 같이 조약의 위임을 받거나 조약을 실시하기 위한 절차적 사항 등 정부의 행정권에 포함되는 내용은 국회동의를 받을 필요가 없다.

결국, 국회의 동의를 받은 조약은 법률과 동일한 효력을 가지고, 국회의 동의를 받지 않는 조약은 대통령령과 같은 효력을 가진다고 하겠다. 이때 구체적인 법령 적용은 특별법 우선의 원칙, 신법 우선의 원칙 등 법률 해석의 일반 원칙에 따라야 한다. 최근 유럽연합 등 국제공동체가 발전하고 보편적 인권보장이 강조됨에 따라 독일과 프랑스 등 일부 국가에서는 헌법에서 국제법규가 자국의 헌법보다 상위의 효력을 갖는다는 것을 직접 규정하는 사례가 증가하고 있다. 세계화에 따라 헌법과 동일하거나 헌법에 우위의 효력을 갖는 조약도 인정될 것으로 예상된다.

일반적으로 승인된 국제법규

국내법과 동일한 효력을 갖는 '일반적으로 승인된 국제법규'

란 세계 대다수 국가가 승인하는 법규를 말한다. 여기에는 성문의 국제법규와 국제관습법은 물론 일반적으로 승인된 조약도 포함된다. 다만, 우리나라가 체결한 조약은 '헌법에 의하여 체결·공포된 조약'에 포함되므로 '일반적으로 승인된 국제법규'에는 포함되지 않는 것으로 해석해야 한다. 우리나라가 승인하지 않았더라도 국제사회의 보편적 규범으로 인정되는 것은 일반적으로 승인된 국제법규에 해당한다. 일반적으로 승인된 국제법규인지 여부를 판단하는 것은 매우 어려우며, 최종적으로는 법원이 당시의 역사적 상황에서 재판의 준거로 삼을 것인지를 결정하는 과정에서 확정될 것이다.

헌법재판소는 인권에 관한 세계선언은 일반적으로 승인된 국제법규가 아니라고 판단하였다(1991.7.16. 89헌가106). 또한, "우리나라가 1990년 4월 10일에 가입한 시민적·정치적 권리에 관한 국제규약에 따라 바로 양심적 병역거부권이 인정되거나 양심적 병역거부에 관한 법적인 구속력이 발생한다고 보기 곤란하고, … 세계적으로 양심적 병역거부권의 보장에 관한 국제관습법이 형성되었다고 할 수 없으므로, 양심적 병역거부가 일반적으로 승인된 국제법규로서 우리나라에 수용될 수는 없다"라고 판단하였다(2011.8.30. 2008헌가22). 대법원은 정치범 불인도의 원칙은 국제관습법에 해당하지만, 정치적 피난민에 대한 보호는 일반적으로 승인된 국제법규에 해당하지 않는다고 판단한 적이 있다(1984.5.22. 84도39).

헌법은 일반적으로 승인된 국제법규의 효력에 대해서 직접 규정하지 않고 있다. 조약과 같이 국회의 동의 절차를 요구하지도 않고 있다. 일반적으로 승인된 국제법규의 효력에 대해 판례도 확립되어 있지 않다. 이에 대해서는 조약에 관한 사례를 적용하여 그 효력을 유추할 수 있을 것이다. 즉, 일반적으로 승인된 국제법규는 헌법보다 하위의 효력을 가지지만, 법률과 명령·규칙과의 관계는 개별적으로 그 내용과 성격을 고려하여 판단해야 할 것이다. 일반적으로 승인된 국제법규가 헌법보다 하위의 효력을 가지므로 그 위헌성에 대해 규범 통제를 할 수 있다. 즉, 일반적으로 승인된 국제법규가 법률과 동일한 효력을 가질 경우에는 헌법재판소가 위헌 여부를 심사한다. 한편, 일반적으로 승인된 국제법규가 명령·규칙과 동일한 효력을 가지고, 그 위헌 여부가 재판의 전제가 되는 경우에는 대법원이 최종적으로 위헌 여부를 심사한다.

6. 외국인의 법적 지위 보장

국제평화를 유지하기 위해서는 외국인의 지위를 보장할 필요가 있다. 근대 국민국가에서 국민은 그 핵심적 요소로 인정되었으나 최근에는 세계화가 진행되어 시간과 공간의 제약이 약화됨에 따라 그 의미가 변하고 있다. 즉, 국가공동체의 인적 요소는 자국민만 배타적으로 인정하는 것이 아니라 일정한 사안에 있어서는 외국인을 포함하여 실질적으로 관련성을 가진 모든 사람들을 포함하기도 한다. 헌법 제5조 제2항은 "외국인은 국제법과 조약이 정하는 바에 의하여 그 지위가 보장된다"라고 규정하였다. 이때 외국인은 대한민국 국적을 가지지 않은 사람을 의미하므로 외국국적을 가진 사람뿐만 아니라 무국적자도 포함된다.

헌법은 외국인의 지위를 '국제법과 조약이 정하는 바에 의하여' 보장하는데, 상호주의에 입각하여 외국인의 지위를 보장한다. 상호주의란 국가 사이에 서로 등가인 것을 교환하거나 동일한 행동을 취하는 것을 말한다. 한편, 헌법 제2조 제2항은 "국가는 법률이 정하는 바에 의하여 재외국민을 보호할 의무를 진다"
라고 규정하여 국가에게 외국에 거주하는 대한민국 국민을 보호
할 헌법적 의무를 부과하였다. 결국, 외국에 거주하는 대한민국
국민을 법적으로 보호하면서 국내에 거주하는 외국인은 상호주
의에 의해 법적으로 보호하는 것이다. 특히, 국내에 거주하여 대
한민국의 영토고권에 의해 지배를 받는 외국인은 일정한 범위에
서 기본권의 주체로 인정하여 그 헌법적 지위를 보장한다.

7. 재외국민의 보호

헌법적 보호

국제평화를 유지하기 위해서는 대한민국에 있는 외국인의 법적 지위를 보장하는 것과 함께 외국에 있는 자국민의 법적 지위도 보장할 필요가 있다. 헌법 제2조는 제1항에서 "대한민국의 국민이 되는 요건은 법률로 정한다"라고, 제2항에서 "국가는 법률이 정하는 바에 의하여 재외국민을 보호할 의무를 진다"라고 각각 규정하였다. 헌법은 국민과 재외국민을 보호할 의무를 규정하였지만, 모두 실질적인 내용은 법률에 유보하였다.

헌법 제10조 단서에서는 "국가는 개인이 가지는 불가침의 기본적 인권을 확인하고 이를 보장할 의무를 진다"라고 규정하였다. 이때 개인은 기본권의 주체로 인정되는 국민을 의미한다. 국민의 개념과 범위는 국가의 구성요소가 되는 헌법적 사항에 속한다. 하지만, 헌법 규정과 그 해석만으로는 그 개념과 범위를 알 수가 없다. 특히, 국가는 재외국민을 보호할 헌법적 의무를 부담하지만, 그 구체적인 내용과 효력은 명확하지 않다.

현대국가에서는 세계화로 인하여 해외에서 체류하는 국민이 계속 증가하고 있다. 이와 함께 국내에 체류하는 외국인도 급증하고 있다. 국가는 재외국민에게 주권자의 지위를 인정하고, 재외국민이 기본권을 실효적으로 행사할 수 있도록 보장해야 한다. 이를 위해서는 재외국민의 헌법적 지위를 명확히 하고, 재외국민 보호의무의 헌법규범적 효력을 규명하는 것이 필요하다. 이것은 국내에 체류하는 외국인의 법적 지위와 기본권을 보장하는 규범적 기준으로도 작용할 수 있을 것이다.

1948년 건국헌법에서는 재외국민의 보호에 대해 아무런 규정을 하지 않았다. 1980년 개정헌법은 제2조 제2항에서 "재외국민은 국가의 보호를 받는다"라고 처음으로 재외국민의 보호를 규정하였다. 1987년 개정된 현행헌법은 이를 더욱 구체화하여 "국가는 법률이 정하는 바에 의하여 재외국민을 보호할 의무를 진다"라고 규정하였다. 재외국민의 보호의 절차와 범위 등을 법률로 정하도록 하고, 재외국민을 보호하는 것을 국가의 헌법적 의무라고 선언한 것이다.

재외국민의 범위

재외국민이란 대한민국의 국적을 가지고 있으면서 외국에서 영주하거나 장기간 외국에서 체류하며 생활하는 사람을 말한다. 재외국민의 요건과 범위는 개별적 법률이 자세하게 규정한다. 재외동포의 출입국과 법적 지위에 관한 법률 제2조 제1호는 재외국민을 "대한민국의 국민으로서 외국의 영주권을 취득한 자 또는 영주할 목적으로 외국에 거주하고 있는 자"로 정의한다. 재외국민의 교육지원 등에 관한 법률은 재외국민을 '외국에 거주하는 대한민국 국민'이라고 정의한다. 재외국민등록법은 외국의 일정한 지역에 계속하여 90일 이상 거주하거나 체류할 의사를 가지고 그 지역에 체류하는 재외국민에게 주소나 거소를 관할하는 대한민국 대사관·총영사관·영사관·분관 또는 출장소에 등록할 의무를 부과하고 있다.

헌법재판소는 "재외국민이란 대한민국의 국민으로서 외국의 영주권을 취득한 자 또는 영주할 목적으로 외국에 거주하고 있는 자를 의미하므로 대한민국 국적을 갖지 않은 자는 재외국민에 해당한다고 보기 어렵다"라고 판단하였다(2015.12.23. 2013헌바11). 또한, "재외국민이란 대한민국의 국적을 가지고 있으면서 외국에서 영주하거나 장기간 외국에서 체류하며 생활하는 사람을 말하는데, 재외국민을 국가가 보호해야 하는 이유는 그들도 우리나라의 인적인 존립 기반을 이루고 있기 때문이다"라고 판단하였다(2006.3.30. 2003헌마806).

재외국민은 재외동포와 구별되는 개념이다. 재외동포의 출입국과 법적 지위에 관한 법률은 재외동포에 재외국민과 외국 국적 동포를 포함시키고 있다. 즉, 외국 국적 동포를 '대한민국의 국적을 보유하였던 자(대한민국정부 수립 전에 국외로 이주한 동포를 포함한다) 또는 그 직계비속으로서 외국 국적을 취득한 자 중 대통령령으로 정하는 자'라고 정의하였다.

법적 보호

재외국민의 보호에 대해서는 재외동포의 출입국과 법적 지위에 관한 법률과 재외국민등록법, 재외국민의 가족관계등록 창설·가족관계등록부 정정 및 가족관계등록부 정리에 관한 특례법, 재외국민의 교육지원 등에 관한 법률, 여권법, 재외동포재단법 등이 규정한다. 하지만, 이들 법률들은 헌법이 규정하는 국가의 재외국민 보호의무의 내용을 충분히 반영하지 못하고 있다.

재외동포의 출입국과 법적 지위에 관한 법률은 재외국민을 포함한 재외동포의 대한민국에의 출입국과 대한민국 안에서의 법적 지위를 보장하는 것을 목적으로 한다. 재외국민등록법은 재외국민의 현황을 파악함으로써 재외국민의 국내외 활동의 편익을 증진하고, 관련 행정 사무를 적절하게 처리하며, 그 밖에 재외국민 보호정책의 수립에 이바지함을 목적으로 한다. 한편, 재외국민의 가족관계등록 창설·가족관계등록부 정정 및 가족관계등록부 정리에 관한 특례법은 재외국민의 가족관계등록 창설, 가족관계등록부 정정 및 가족관계등록부 정리의 절차에 관한 특례를 규정함을 목적으로 한다. 여권법도 해외 위난 상황이 발생한 국가나 지역에서의 여권의 사용 제한 등을 규정하고 있을 뿐이다. 결국, 국가의 재외국민 보호의무의 구체적인 내용은 헌법 해석을 통해 규명될 수밖에 없다.

헌법재판소는 "헌법 제2조 제2항에서 정한 국가의 재외국민 보호의무에 의하여 재외국민이 거류국에 있는 동안 받게 되는 보호는 조약 기타 일반적으로 승인된 국제법규와 당해 거류국의 법령에 의하여 누릴 수 있는 모든 분야에서 정당한 대우를 받도록 거류국과의 관계에서 국가가 하는 외교적 보호와 국외거주국민에 대하여 정치적인 고려에서 특별히 법률로써 정하여 베푸는 법률·문화·교육 기타 제반영역에서의 지원을 뜻하는 것이다"라고 판단하였다(1993.12.23. 89헌마189). 하지만, 국가가 재외국민을 보호하기 위해서 구체적으로 어떠한 의무를 부담하는지에 대해서는 여전히 불명확하다.

제5장

평화통일

1. 통일의 헌법적 의미

헌법은 평화에 대해서는 남북통일과 관련하여 가장 많이 규정하고 있다. 헌법은 제1조에서 주권을, 제2조에서 국민을, 제3조에서 영토에 대해 규정한다. 이어 헌법은 제4조에서 평화통일을 규정한다. 즉, 제4조에서 "대한민국은 통일을 지향하며, 자유민주적 기본질서에 입각한 평화적 통일정책을 수립하고 이를 추진한다"라고 규정하였다. 이 내용은 남북통일에 대한 헌법 원칙을 제시한 것으로 1987년 개정된 현행헌법에서 처음 규정되었다. 특히, 1990년 이후 사회주의 붕괴 등에 따른 국제환경의 변화, 남북한의 유엔 동시가입, 그리고 남북교류협력의 확대와 진전에 따라 이 규정의 실질적 규범력이 강화되고 있다.

1987년 헌법은 건국헌법에서부터 규정한 제3조의 영토조항을 그대로 유지하면서 제4조에서 평화통일조항을 신설하였다. 이로써 한반도의 분단과 통일에 관한 사항을 헌법상 기본원리로 수용한 것이다. 헌법은 통일을 자유민주적 기본질서에 입각하여 달성해야 하고, 이는 평화적이어야 한다는 것을 통일 원칙으로 제시한다. 남북통일이 필요한가, 왜 필요한가, 통일국가의 미래상은 무엇인가, 그리고 어떻게 통일을 달성할 것인가. 우리 사회에서는 이에 대해 국민적 합의가 마련되지 않는 상태이다. 하지만, 한반도의 분단 상황은 그 자체가 구조적이고 문화적인 폭력 상태로서 평화와 공존할 수가 없다.

우리 헌법은 제4조에서 남북통일을 국가와 국민의 헌법적 의무로 규정하였으며, 자유민주적 기본질서에 입각한 평화통일을 그 규범적 기준으로 제시하였다. 따라서 규범적인 측면에서 남북통일은 대한민국과 대한국민의 헌법적 의무에 해당한다. 남북통일은 소극적으로는 분단으로 인한 정치적, 경제적, 인권적 장애와 문제점을 해결하기 위해서 필요하고, 적극적으로는 한반도와 세계의 평화를 실현하기 위해 반드시 필요한 시대적 과제이다.

통일국가의 미래상은 내용적으로는 통일국가의 헌법적 가치를 실현하는 것이어야 한다. 통일국가의 헌법적 가치는 남북한 주민이 인간으로서의 존엄과 가치를 가지고, 자유롭고 평등하게 행복을 추구할 수 있는 국가공동체를 창조하는 것이다. 남북통일은 정치적으로 대립된 국가체제를 하나로 통합하는 것만 아니라 상이한 사회적 · 경제적 체제를 단일한 체제로 재구성하는 사회경제적 통합을 포함한다. 이러한 통일국가에서만 평화가 보장될 수 있다.

2. 남북관계의 특수성

법적 관점에서 남북관계는 어떻게 설명될 수 있을까. 이것은 북한과 북한주민의 법적 지위와 밀접하게 관련된다. 남북관계는 국내법적으로 평화통일을 위하여 교류협력을 지향하면서도 현실적으로 정치적 이념과 체제에 의하여 상대방을 규범적으로 수용할 수 없는 한계가 있다. 국제사회에서도 남북한이 각각 엄연히 국가적 실체를 가지고 국제법의 주체로서 활동하고 있어 헌법을 비롯한 국내법을 국제법적 규범 영역에 그대로 적용할 수 없다. 이러한 의미에서 남북관계는 국내법 또는 국제법 원칙의 적용만으로는 설명될 수 없는 특수성이 있다.

남북한특수관계론은 남북관계를 규정하고, 이를 규율하는 헌법이론적 기초가 된다. 이를 통해 현실적으로 존재하는 남북한 사이의 법률 충돌과 모순을 해결할 수 있으며, 통일을 규율하는 규범적 기준을 제시할 수 있다. 남북관계의 법적 성격은 기본적으로 북한의 법적 지위와 성격에 의하여 확정된다. 즉, 남한헌법상 북한은 국내법적으로 이중적 지위를 가지는 동시에 국제법적으로도 특수한 지위를 갖는다. 북한은 국내법적으로는 헌법상 불법단체 또는 국가보안법상 반국가단체로서의 지위와 동시에 평화통일을 위한 대화와 협력의 동반자로서의 지위를 이중적으로 가진다. 한편, 국제법적으로는 국제사회에서 독립된 주권을 가진 국가로서 활동하고 있어 독립된 국제법상 주체로 인정된다. 남북관계에 대한 법률 체계는 그 적용되는 규범 영역에 따라 서로 다른 규범적 의미를 가진다.

첫째, 남북관계가 국내법적 규범 영역에서 적용될 경우 그 소극적인 의미는 남북관계가 나라와 나라 사이의 관계가 아니라는 것을 의미하므로 남북관계에 대하여는 국제법 원칙을 적용할 수 없다. 그러나 이는 정치적으로 남북한이 하나의 민족국가를 달성하기 위하여 노력한다는 것을 대내외적으로 선언한 것에 불과하다. 즉, 규범적으로는 남북관계가 국가 간 관계가 아니므로 국가 승인을 한 것이 아니라는 것을 의미할 뿐 남북관계를 직접 규율하는 기준을 제시하는 것은 아니다. 따라서 이는 남북관계에 적용하는 법규범은 남북관계가 국가 간 관계가 아니므로 가급적 이러한 특수성을 고려하여 결정되어야 한다는 대원칙을 선언한 것으로 이해해야 한다.

둘째, 남북관계가 국내법적 규범 영역에서 적용될 경우 그 적극적인 의미는 북한의 이중적 지위가 반영된다. 즉, 북한이 반국가단체로서 활동하는 규범 영역에서는 헌법 제3조와 국가보안법 등 국내법이 적용되고, 그러한 범위에서는 국제법 원칙이 적용되지 않는다. 헌법 제4조와 이를 근거로 하여 제정된 남북교류협력에 관한 법률 등 국내법률과 각종 남북합의서도 적용될 여지가 없다. 한편, 북한이 남북교류협력을 추진하면서 평화통일을 위한 대화와 협력의 동반자로서 활동하는 규범 영역에서는 북한의 실체를 규범적으로도 인정할 수 있다. 이때에는 원칙적으로 국제법 원칙이 적용되어야 한다.

셋째, 남북관계가 국제법적 규범 영역에서 적용될 경우에는 남북한이 국제사회에서 남북한이 각각 국제법의 주체로서 활동하므로 국제법 원칙을 적용해야 한다. 따라서 남북한 일방 또는 쌍방이 각각 특정한 제3국 또는 국제기구와 법률관계를 형성할 경우에는 국제법 원칙이 적용된다. 또한, 남북관계가 국내법적 규범 영역에 속하더라도 일정한 범위에서 제3국 또는 국제기구와 관련성을 갖는 경우에는 국제법 원칙이 적용되어야 할 것이다. 이러한 경우에도 남북관계의 특수성을 최대한 반영하여 국제법 원칙을 변용 또는 탄력적으로 적용하는 방안을 마련할 필요가 있다.

3. 영토조항과 통일조항

헌법 제3조는 영토조항으로 북한지역도 대한민국의 주권이 미치는 영토라고 규정한다. 분단국가가 아니라는 것이다. 한편, 제4조는 통일조항으로 평화통일을 추구한다. 분단국가의 현실을 인정하고 있는 것이다. 이와 같은 모순은 헌법을 통일적이고 규범조화적으로 해석하여 해결할 수 있다. 헌법 제3조와 제4조의 관계에 있어서는 제3조의 영토조항이 현실적으로 규범력을 가지고 기능하는지가 핵심적 쟁점이다.

남북관계에서 북한의 국가성을 규범적으로 인정할 경우에는 제3조의 규범력을 인정하기는 어려울 것이다. 제3조의 규범력을 부인하는 입장도 헌법 현실과 부합하지 않는 명목적인 규정이라는 견해에서부터 헌법에 규정된 이상 규범력 자체를 부정할 수는 없으나 제4조와의 관계에서 현실적으로 규범력을 갖지 못한다는 견해까지 다양하다. 헌법 제3조의 규범력을 인정하는 입장은 대한민국의 주권과 헌법의 효력이 한반도 전체에 미치는 것이라고 한다. 다만, 남북한 분단의 현실 상황에 의해 북한지역에 대한 헌법의 효력이 제약당하고 있을 뿐이라는 것이다.

헌법 제3조는 대한민국의 영토를 법률상 회복하여야 할 책무를 부과하는 목적적이고 가치적인 규정이다. 이는 평화통일이 실현되었을 경우에 성립하는 통일국가의 최종적인 영토의 범위를 설정한 것이다. 이 규정을 근거로 하여 북한주민에게 대한민국 국적을 당연히 인정할 수 있고, 남북한 사이의 물자교역도 민족 내부 거래로 인정하여 북한에 대해 특혜조치를 할 수 있다. 또한, 이 규정은 북한주민의 인권을 보호하기 위하여 대한민국이 개입할 수 있고, 나아가 북한의 체제 전환 또는 급변 사태로 인한 통일 과정에서 대한민국이 북한지역에 대하여 주권과 통치권을 행사하는 헌법적 근거가 될 수 있을 것이다.

한편, 헌법 제4조는 제3조에서 천명한 통일의 책무를 현실적으로 실천하기 위한 방법론적이고 수단적인 성격을 가진다. 이것은 대한민국의 분단된 현실을 극복하고 통일을 달성하기 위하여 평화적인 방법으로 추구하고 있음을 선언한 것이라고 할 수 있다. 헌법 제4조는 제3조와 조화를 이루면서 그 범위 내에서 실천적이고 수단적 규범으로 기능한다. 따라서 헌법 제3조는 제4조에 비해 우월한 효력을 가진다고 할 수 있다. 헌법 제3조와 제

법적 관점에서 남북관계는 어떻게 설명될 수 있을까. 이것은 북한과 북한주민의 법적 지위와 밀접하게 관련된다. 남북관계는 국내법적으로 평화통일을 위하여 교류협력을 지향하면서도 현실적으로 정치적 이념과 체제에 의하여 상대방을 규범적으로 수용할 수 없는 한계가 있다. 국제사회에서도 남북한이 각각 엄연히 국가적 실체를 가지고 국제법의 주체로서 활동하고 있어 헌법을 비롯한 국내법을 국제법적 규범 영역에 그대로 적용할 수 없다. 이러한 의미에서 남북관계는 국내법 또는 국제법 원칙의 적용만으로는 설명될 수 없는 특수성이 있다.

4조를 위와 같이 이해하는 것이 남북한의 특수한 현실적인 관계를 반영함과 동시에 이를 헌법규범적으로 조정하고 통합할 수 있는 합리적인 해석이라고 하겠다.

4. 자유민주적 기본질서

헌법은 제4조에서 자유민주적 기본질서를 통일 원칙으로 제시하고 있다. 헌법이 추구하는 통일은 자유민주적 기본질서를 바탕으로 하며, 이에 위배되는 통일을 배제한다는 것이다. 헌법재판소도 "헌법상 통일 관련 규정들은 통일의 달성이 우리의 국민적·국가적 과제요 사명임을 밝힘과 동시에 자유민주적 기본질서에 입각한 평화적 통일 원칙을 천명하고 있는 것이다. 따라서 우리 헌법에서 지향하는 통일은 대한민국의 존립과 안전을 부정하는 것이 아니고, 또 자유민주적 기본질서에 위해를 주는 것이 아니라 그것에 바탕을 둔 통일인 것이다"라고 판단하였다 (2000. 7. 20. 98헌바63).

자유민주적 기본질서란 자유주의와 민주주의가 결합된 자유민주주의를 기초로 한다. 자유민주주의는 헌법적 가치로서 인간의 존엄과 가치를 보장하고, 개인의 자유와 평등, 그리고 정의를 실현하는 것을 목적으로 한다. 따라서 자유민주주의는 가치중립

적인 것이 아니라 자유를 보장하는 법치라는 헌법적 가치에 의
해 제한되는 민주주의이다. 이때 자유민주적 기본질서는 자유민
주주의의 이러한 가치를 모두 포괄하는 것이 아니라, 그중에서
도 중요하고 핵심적 내용만 의미한다.

자유민주적 기본질서의 구체적인 내용은 무엇인가. 헌법은
전문과 제4조에서 '자유민주적 기본질서'를 헌법원리로 규정하
고, 제8조 제4항에서는 '민주적 기본질서에 위배될 때'를 정당 해
산 사유로 규정한다. 이때 통일 원칙인 자유민주적 기본질서와
정당 해산 사유인 민주적 기본질서를 구별하는 견해도 있다. 하
지만, '자유민주적 기본질서'는 '민주적 기본질서'와 동일한 개념
이라고 이해해야 한다. 현대 사회민주주의는 사회국가적 민주주
의를 의미하고, 헌법의 기본원리인 자유민주주의는 정의로운 사
회국가를 목표로 지향한다. 또한, 헌법이 지향하는 민주주의는
형식적이고 가치중립적인 것이 아니라 자유를 보장하는 헌법적
가치에 의해 제한되는 민주주의를 의미한다. 다만, 평화통일의
관점에서 이해하는 경우와 정당 해산의 관점에서 이해하는 경우
에는 그 관련성과 강조점에서 차이가 있을 수 있다.

헌법재판소도 자유민주적 기본질서를 민주적 기본질서와 동
일하게 해석하면서 "모든 폭력적·자의적 지배를 배제하고 다

수를 존중하면서도 소수를 배려하는 민주적 의사결정과 자유·평등을 기본원리로 하여 구성되고 운영되는 정치적 질서를 말하며, 구체적으로 말하면 국민주권주의, 기본적 인권의 존중, 권력분립제도, 복수정당제도 등이 현행 헌법상 주요한 요소라고 볼 수 있다"라고 판단하였다(2014.12.19. 2013헌다1).

자유민주적 기본질서는 자본주의 시장경제에 기초하여 무한한 경쟁과 자유방임만을 인정하는 편협한 자유지상주의가 아니라 자유와 평등이 조화를 이루는 사회공동체의 구성원리를 포함한다. 따라서 자유민주적 기본질서를 바탕으로 하는 사회민주주의는 허용되지만, 정치적 다원주의를 부정하는 전체주의와 북한이 지향하는 일당 독재체제와 그 이론적 바탕이 되는 인민민주주의는 배제된다. 한편, 자유민주적 기본질서는 정치질서를 의미하고, 이와 상용할 수 있는 경제질서를 사회적 시장경제질서로 구분하는 견해도 있으나, 자유민주적 기본질서는 자유민주주의에 입각한 사회복지국가원리를 포함하므로 정치질서에 제한할 필요가 없다.

5. 평화통일의 규범적 효력

헌법은 통일을 국가목표로 선언하고, 국가와 국민 모두가 실현해야 할 헌법적 의무로 규정한다. 이때 통일은 그 수단과 방식에 대하여는 특별하게 제한을 받지 않는 개방적 개념으로 해석될 수도 있다. 하지만, 통일에 관한 모든 규정은 평화통일을 의미하는 것으로 해석해야 한다. 남북통일을 실현하는 유형과 방식은 통일을 맞이하는 역사적 조건과 현실에 따라 다양하게 예상할 수 있다. 즉, 당시의 남북관계와 국제여건 등 역사적 현실에 따라서 구체적인 유형과 방식이 선택적으로 결정될 것이다.

하지만, 통일의 수단과 방법에 있어서는 통일법의 기본원리가 평화주의를 바탕에 두고 있으므로 헌법이 예정하는 통일은 평화적 통일만을 의미하며, 무력이나 강압에 의한 비평화적 통일을 배제한다고 해석해야 한다. 이러한 의미에서 평화주의는 우리가 지향하는 통일의 구성요건적 개념요소로서 임의로 선택할 수 있는 다양한 수단과 방법 중의 하나가 아닌 것이다.

평화통일은 헌법의 기본원리의 하나이다. 따라서 이는 입법, 행정, 사법에 관한 모든 국가작용을 규율한다. 즉, 평화통일의 원칙은 입법의 방향과 지침을 제시하며, 입법권의 범위와 한계를 설정하는 기준이 된다. 행정에 있어서도 평화통일의 원칙에 부합하도록 국가정책을 설정해야 하고, 공무원을 비롯한 모든 국가기관의 권한 행사를 통제하는 기준이 된다. 또한, 사법에 있어서도 헌법 조항을 비롯한 모든 법령의 해석 기준을 제공할 뿐만 아니라 헌법 조항 내지 법령의 흠결 시에는 이를 보완하는 원리가 된다. 이러한 통일조항은 구체적으로 다음과 같은 규범적 의미를 갖는다.

첫째, 평화통일에 관한 헌법 규정은 단순히 정치적 선언이나 프로그램이 아니라 법적 구속력을 갖는 구체적이고 현실적인 규범이다. 따라서 입법, 사법, 행정 등 모든 국가작용의 정당성을 부여하는 기초가 된다. 국가기관은 국가정책 수립에서 평화통일을 우선적인 과제로 인식하여 이를 달성하기 위해 노력해야 한다. 뿐만 아니라 평화통일에 역행하거나 이를 저해하는 국가작용을 해서는 안 된다는 헌법적 의무를 부담한다. 특히, 대통령은 국가원수이자 국정의 최고책임자로서 통일정책을 수립하고 추진하는 최종적인 권한과 책임을 가진다.

둘째, 평화통일은 국가기관의 권한 행사가 평화통일을 위한 헌법적 의무에 부합하는지를 심사하는 위헌성 판단을 위한 심사기준이 된다. 그러나 평화통일의 원칙을 적용함에 있어서는 다른 헌법의 기본원리와는 달리 남북관계의 특수성과 통일정책의 특수한 상황을 고려할 필요가 있다. 즉 남북관계는 국내적 상황, 남북 교류 협력의 내용과 정도, 그리고 한반도를 둘러싼 국제정세에 따라서 다양한 정책적 판단이 필요하다. 또한 북한은 불법단체임과 동시에 평화통일을 위한 대화와 협력의 동반자로서 활동하는 이중적 지위를 가지고 있다. 따라서 통일정책을 수립하고 추진할 때는 고도의 정치적 판단과 합목적적인 통일정책이 필수적으로 요구된다.

셋째, 평화통일의 원칙이 국민에게 국가기관에 대해 평화통일을 추진할 것을 요구하는 구체적인 권리를 부여하는 것은 아니다. 헌법이 평화통일의 원칙을 규정하였으므로 국가기관은 평화통일을 추진해야 할 헌법적 의무를 부담한다. 하지만, 헌법이 국민에게 평화통일을 요구하는 것을 기본권으로 인정한 것은 아니므로 국민이 국가기관을 상대로 평화통일을 위하여 특정한 행위를 시행할 것을 요구하거나 행정·입법 등 국가작용의 부작위에 대해 헌법 위반을 이유로 헌법소송을 제기할 수는 없다.

헌법재판소가 "헌법의 기본원리는 헌법이나 법률 해석에서의 해석 기준으로 작용한다고 할 수 있지만, 그에 기하여 곧바로 국민의 개별적 기본권을 도출해 낼 수는 없다고 할 것이므로 헌법소원의 대상인 헌법상 보장된 기본권에 해당하지 아니 한다"고 판시한 것도 동일한 취지로 이해된다(2001.3.21. 99헌마139). 이러한 의미에서 국가의 평화통일을 위한 노력 의무에 대한 사법적 판단 기준은 국가의 기본권 보장 의무에 대한 사법적 판단 기준인 '과소보호금지의 원칙'보다 더 완화된 기준이 적용된다고 하겠다. 다만, 헌법을 구체화하는 법률이 국민에게 평화통일에 관한 권리를 인정하는 경우에는 국가기관에 대해 평화통일을 추진할 법적 의무를 요구할 수 있는 구체적인 권리를 갖는다.

넷째, 평화통일이 헌법의 기본원리로서 재판규범성을 가진다고 하더라도 그 자체가 위헌정당해산제도의 사유가 되는 것은 아니다. 즉, 특정 정당의 목적이나 활동이 평화통일에 위반된다고 인정될 경우에도 이를 사유로만 그 정당이 헌법재판소의 심판에 따라 위헌 정당으로 해산되는 것은 아니다. 정당의 목적이나 활동이 평화통일에 위반되는 경우로는 남북통일 자체를 반대하는 경우, 통일의 방법과 수단을 불문하고 민족통일을 추구하는 경우, 무력 사용 등 비평화적 방법을 통한 통일을 추구하는 경우, 북한의 인민민주주의 혁명노선에 따라 통일을 추구하는 경우 등 통일 방안과 관련하여 다양한 상황을 상정할 수 있다.

특정한 정당이 평화통일에 위반하는 내용을 주장하고 활동한다면 대부분 민주적 기본질서에 위반되는 경우에 해당할 것이다. 그러나 자유민주적 기본질서에 입각한 평화통일을 위반한다고 하여 그것이 바로 위헌 정당 해산의 사유가 되는 민주적 기본질서에 위배되는 것이라고 할 수는 없다. 헌법재판소는 "헌법 제8조 제4항에서 말하는 민주적 기본질서의 위배란, 민주적 기본질서에 대한 단순한 위반이나 저촉을 의미하는 것이 아니라, 민주사회의 불가결한 요소인 정당의 존립을 제약해야 할 만큼 그 정당의 목적이나 활동이 우리 사회의 민주적 기본질서에 대하여 실질적인 해악을 끼칠 수 있는 구체적인 위험성을 초래하는 경우를 말한다"라고 판단하였다(2014.12.19. 2013헌다1).

제6장

평화적 생존권

1. 평화의 권리화

모든 인간은 평화롭게 살기를 원한다. 국가공동체를 구성하는 것도 평화로운 삶을 위한 것이다. 하지만, 인간은 끊임없이 전쟁과 자연재해 등을 통해 평화롭고 안전한 삶을 위협받고 있으며, 최근에는 핵무기 개발과 테러리즘, 지구온난화, 환경오염과 생태계 파괴 등으로 그 위험성이 더욱 커지고 있다. 평화의 문제는 사적 영역을 벗어난 지 오래되었으며, 국가 차원을 넘어 지구 전체로 확대되고 있다.

이에 따라 평화는 개인 사이의 계약만으로는 확보될 수 없게 되었고, 개인은 국가에 대해 국가와 세계적 차원에서 평화를 구축할 것을 요구하고 있다. 현대국가에서 평화는 지향하는 가치에 그치는 것이 아니라 삶의 조건이 되었으며, 국가가 평화를 구축하는 것은 추상적인 국가목표가 아니라 구체적인 의무가 되었다. 이에 따라 평화적 생존권을 헌법상 기본권으로 인정해야 한다는 주장이 제기되고 있다.

개인이 평화롭게 살아가는 것을 권리로 인정할 경우, 이를 평화적 생존권 또는 평화권(the right to peace)이라고 한다. 유엔을 비롯한 국제사회에서는 1970년대 이후 평화를 인권적 관점에서 파악하면서 권리로 인식하기 시작하였다. 국내에서는 1990년 이후 평화적 생존권이 헌법학에 소개되면서 그 헌법적 근거, 법적 성격, 구체적 내용 등이 논의되고 있다.

2. 헌법상 기본권인가

평화적 생존권이 기본권인가. 기본권이란 헌법에 의해 보장되는 국민의 기본적 권리를 말한다. 기본권은 헌법을 전제로 하고, 헌법은 국가를 기초로 한다. 즉, 기본권은 국가의 최고법인 헌법에 의해 보장되는 기본적 권리이다. 헌법에 의해 보장되므로 기본권의 의미는 헌법 해석을 통해 확정된다. 또한, 기본권은 헌법에 의해 보장되는 일반적인 권리가 아니라 기본적 권리를 말한다. 이때 기본적 권리의 내용도 헌법 해석에 의해 확정된다. 현행 헌법은 제10조에서부터 제39조까지 국민의 권리와 의무를 규정하고 있지만, 평화적 생존권을 직접 규정하지는 않고 있다.

기본권은 헌법적 가치로서 헌법이 직접 규정하거나 헌법 해석을 통해 도출되는 국가에 대한 주관적 공권이다. 기본권은 헌법에 의해 보호할 만한 법적 가치나 이익으로 인정되어야 한다. 헌법적 가치를 가지는 것만 기본권이며, 법률적 가치를 가지는 권리는 기본권이 아니라 법률적 권리에 불과하다. 헌법상 기본권이 침해당한 경우에는 헌법소원심판을 청구할 수 있다. 하지만, 법률적 권리를 침해당한 경우에는 일반재판을 청구할 수 있을 뿐, 헌법재판소에 헌법소원심판을 청구할 수는 없다. 여기에 기본권과 법률적 권리를 구별하는 실익이 있다. 헌법적 가치가 기본권으로 보장되는지 여부는 헌법 규정의 해석을 통해 확정된다. 기본권이 무엇이고, 어떤 권리가 기본권에 해당하는지, 그리고 어떠한 성격을 가지며, 그 내용과 범위가 무엇인지는 결국 헌법 해석을 통해 드러나게 된다.

인간의 존엄과 가치를 실현하는 것은 헌법의 궁극적 목적이다. 인간의 존엄과 가치는 평화로운 삶에서만 실현될 수 있다. 개인이 평화로운 삶의 조건에서 살아가는 것은 헌법적 가치가 있다. 평화적 생존권은 인권에 포함되므로 당연히 기본권으로 인정된다는 견해도 있다. 인권은 모든 사람이 보편적으로 누려야 하는 권리이고, 사람으로서 태어나면서 고유하게 가지는 권리이다. 일반적으로 인권은 보편성, 고유성, 항구성, 불가침성을 가진다고 한다.

기본권은 천부인권과 자연권에 기초하고 있지만, 인권과 동일한 개념은 아니다. 즉, 기본권은 헌법적 가치로 인정되는 권리를 헌법전으로 규범화한 것이다. 인권이라고 하더라도 헌법규범적으로 포섭되지 않는 것은 기본권에 해당하지 않는다. 또한, 인권이 아니라도 헌법이 특별히 가치를 인정하여 기본권으로 규정한 것은 기본권에 포함될 수 있다. 평화적 생존권이 헌법적 기본권인지 여부는 헌법 규정의 해석을 통해 결정된다.

3. 헌법재판소의 해석

기본권으로 인정

헌법재판소는 개인의 평화적 생존권에 관한 사안에서 기본권 침해의 자기관련성이 없거나 고도의 정치적인 통치행위에 대한 사법 심사를 자제해야 한다는 이유로 본안 판단을 하지 않고 각하결정을 한 적이 있다. 하지만, 그 이후 평화적 생존권을 헌법상 기본권으로 인정하기도 하였다.

헌법재판소는 대통령이 이라크 전쟁에 국군을 파병한 결정에 대해 국민의 행복추구권을 침해하였다는 이유로 청구된 헌법소원심판사건에서 "행복추구권 등 헌법상 보장된 청구인들 자신의 기본권을 현재 그리고 직접적으로 침해받는다고는 할 수 없다. … 청구인들은 이 사건 파견 결정에 대해 적법하게 헌법소원을 제기할 수 있는 자기관련성이 있다고 할 수 없어 이 헌법소원 심판청구는 모두 부적법하다"라고 판단하였다(2003.12.18. 2003헌마

255).

또한, 이라크 파병이 침략적 전쟁을 부인하는 헌법 제5조에 위반된다는 이유로 청구된 헌법소원심판사건에서는 "현행 헌법이 채택하고 있는 대의민주제 통치구조하에서 대의기관인 대통령과 국회의 그와 같은 고도의 정치적 결단은 가급적 존중되어야 한다. … 대통령과 국회의 판단은 존중되어야 하고 우리 재판소가 사법적 기준만으로 이를 심판하는 것은 자제되어야 한다"라고 판단하였다(2004.4.29. 2003헌마814).

헌법재판소는 2006년 미군기지의 이전에 관한 헌법소원심판사건에서 처음으로 평화적 생존권을 헌법적 기본권을 인정하였다. 즉, "오늘날 전쟁과 테러 혹은 무력행위로부터 자유로워야하는 것은 인간의 존엄과 가치를 실현하고 행복을 추구하기 위한 기본 전제가 되는 것이므로, 달리 이를 보호하는 명시적 기본권이 없다면 헌법 제10조와 제37조 제1항으로부터 평화적 생존권이라는 이름으로 이를 보호하는 것이 필요하다. 그 기본 내용은 침략전쟁에 강제되지 않고 평화적 생존을 할 수 있도록 국가에 요청할 수 있는 권리라고 볼 수 있을 것이다"라고 판단하였다(2006.2.23. 2005헌마268).

판례 변경하여 기본권성 부인

그런데 헌법재판소는 2009년 전시증원연습 등에 관한 헌법소원심판사건에서는 평화적 생존권을 헌법적 기본권으로 인정할 수 없다고 판단하여 그 입장을 변경하였다. 즉, "평화주의가 헌법적 이념 또는 목적이라고 하여 이것으로부터 국민 개인의 평화적 생존권이 바로 도출될 수 있는 것은 아니다. … 청구인들이 평화적 생존권이라는 이름으로 주장하고 있는 평화란 헌법의 이념 내지 목적으로서 추상적인 개념에 지나지 아니하고, 개인의 구체적 권리로서 국가에 대하여 침략전쟁에 강제되지 않고 평화적 생존을 할 수 있도록 요청할 수 있는 효력 등을 지닌 것이라고 볼 수 없다 할 것이다. 따라서 평화적 생존권은 헌법상 보장되는 기본권이라고 할 수는 없다"라고 판단하였다(2009.5.238. 2007헌마369).

일반적으로 평화적 생존권이란 개인이 평화롭게 살 권리를 말한다. 헌법상 기본권은 국가에 대해 요구할 수 있는 권리로서 보장되는 헌법적 가치이다. 개인이 기본권으로 주장할 수 있고, 국가가 헌법적 의무를 부담하기 위해서는 기본권의 개념과 보호영역이 확정될 수 있어야 한다. 어떤 헌법적 가치가 기본권에 해당하는지 여부는 기본권을 규정하는 헌법 해석을 통해 결정된다. 헌법재판소는 헌법 제10조와 제37조 제1항에 대한 해석을 통해 평화적 생존권을 기본권으로 인정한 적이 있다. 헌법이 직접 평화적 생존권을 기본권으로 명시하지는 않지만, 헌법 제10조에서 인간의 존엄과 가치를 실현하고 행복을 추구하기 위해서는 평화롭게 살 권리가 전제조건이며, 헌법 제37조 제1항에서 규정하는 '헌법에 열거되지 아니한 기본권'에 해당한다고 판단한 것이다. 하지만, 헌법재판소는 평화적 생존권이라는 개념이 추상적이어서 국가에 대해 평화적 생존의 보장을 요구할 수 있는 헌법상 기본권이라고 할 수는 없다고 그 판단을 변경하였다.

4. 평화롭게 살 권리

기본권의 체계

우리 헌법은 제10조에서부터 제36조까지 기본권을 나열하고 있지만, 기본권을 목록화하거나 체계적으로 분류하지는 않고 있다. 기본권을 체계화한다는 것은 일정한 기준에 따라 개별적인 기본권을 짜임새 있게 통일적으로 조직화하는 것을 의미한다. 기본권을 일정한 기준에 따라 나누고, 개별적인 기본권을 짜임새 있게 통일적으로 조직화함으로써 기본권의 규범적 의미를 좀더 명확하게 이해할 수 있다. 평화적 생존권이 기본권인지 여부를 판단하기 위해서는 기본권의 체계를 이해할 필요가 있다.

기본권은 일반적으로 내용을 기준으로 인간의 존엄과 가치 및 행복추구권, 평등권, 자유권, 사회권, 정치권, 청구권으로 구분된다. 다만, 구체적으로는 다소 학설이 대립되기도 한다. 즉, 인간의 존엄과 가치는 이를 기본권으로 인정하는 입장도 있고, 기본권이 아니라 헌법이념으로서 객관적 헌법 원리라는 입장도 있다. 헌법 제10조에서 규정하는 인간의 존엄과 가치는 헌법의 최고가치이며 국가의 존재이유이기도 하다. 개인이 평화롭게 살아가는 것은 인간의 존엄과 가치를 실현하기 위한 전제조건으로서 헌법적 가치에 해당한다. 이러한 목표를 위하여 다양한 기본권은 존재한다. 모든 인간은 동등하게 존엄과 가치를 가지므로 기본권을 보장하는 방식도 공정해야 하고 따라서 평등권이 보장되어야 한다. 개인과 국가의 관계에서는 국가에 대한 소극적인 방어권인 자유권이 보장된다. 현대 민주주의에서는 국가공동체의 생활은 자기 자신으로부터 비롯되어야 하고, 자신의 삶은 스스로 결정할 수 있어야 비로소 개인의 자유가 보장되는 것이다. 따라서 자유권을 실현하기 위한 조건으로 자유민주주의를 실현하는 기초로서 참정권이 보장된다.

현대국가에서는 국가의 적극적인 역할이 요구된다. 개인의 기본권을 실질적으로 보장하기 위해서는 국가의 개입을 요청할 수 있어야 한다. 개인이 국가에 대해 특별히 요구할 수 있는 청구권이 보장된다. 하지만, 이러한 개별적인 청구권만으로는 인간으로서의 존엄과 가치가 실현되기 어렵다. 따라서 국가의 적극적인 개입을 통해 자유권의 조건을 실현하는 사회권이 보장된다. 이러한 분류와 체계는 특정한 기본권을 획일적으로 하나의 분류체계에만 포함시키는 것은 아니라는 것에 유의해야 한다.

기본권은 헌법 해석을 통해 기본권으로 인정될 수 있어야 한다. 기본권은 나라마다 역사적 현실에 따라 헌법적 가치나 이익을 헌법으로 성문화하여 주관적 공권으로 인정한 것이다. 헌법현실과 헌법 규정에 따라 변화될 수 있는, 복합적이며 다층적 구조를 가진 종합적인 성격을 가진다. 헌법이 모든 기본권을 유형화하여 헌법조문으로 규정하는 것은 불가능하기도 하다. 헌법은 역사적 현실의 변화에 따라 헌법적 가치로 인정되어 기본권으로 보장할 필요가 있는 경우를 대비하여 기본권을 정합적으로 체계화해야 한다.

헌법은 제10조에서 행복을 추구할 권리를 포괄적이고 보충적인 기본권으로 규정하였으며, 헌법 제37조 제1항은 "국민의 자유와 권리는 헌법에 열거되지 아니한 이유로 경시되지 아니 한다"라고 규정하여 헌법 현실의 변화에 따라 새로운 기본권을 포섭할 수 있는 창구를 열어 두었다. 대부분의 기본권은 개별적 기본권 조항으로부터 도출할 수 있다. 개별적 기본권의 내용에 포함시키기 어려운 헌법적 가치는 행복추구권의 해석을 통해 기본권으로 포함시킬 수 있을 것이다. 행복추구권에 포함시키기 어려운 헌법적 가치는 제37조 제1항을 통해 '헌법에 열거되지 아니한 기본권'으로 인정할 수 있을 것이다. 기본권은 인간의 존엄과 가치를 기본권의 이념으로 하고, 그 구체적인 내용은 헌법 해석을 통해 개별적 자유권으로 보장된다. 개별적 기본권에 포함되지 않는 기본권은 행복추구권에 해당되는지 여부를, 마지막으로는 제37조 제1항에서 규정하는 '헌법에 열거되지 아니한 기본권'에 해당하는지 여부를 순차적으로 검토하는 것이 체계적으로 정합하다고 판단된다.

행복추구권

헌법 제10조는 "모든 국민은 인간으로서의 존엄과 가치를 가지며, 행복을 추구할 권리를 가진다. 국가는 개인이 가지는 불가침의 기본적 인권을 확인하고 이를 보장할 의무를 진다"라고 규정하였다. 행복이란 '생활에서 충분한 만족과 느낌을 느끼어 흐뭇함 또는 그러한 상태'라고 정의한다. 행복의 핵심은 '만족감'이라고 할 수 있다. 인간은 누구나 행복한 삶을 살고자 한다. 행복은 인생의 목표이자 사는 이유라고도 할 수 있다. 하지만, 행복이 무엇인지, 어떻게 사는 것이 행복한 것인지는 대답하기 어려운 철학적 질문이다. 특히, 행복은 주관적인 감정에 바탕을 두고 있어서 동일한 조건과 상황이라도 사람에 따라 행복할 수도 있고 그렇지 않을 수도 있다. 헌법재판소는 행복을 추구할 권리를 "일반적으로 소극적으로는 고통과 불쾌감이 없는 상태를 추구할 권리, 적극적으로는 만족감을 느끼는 상태를 추구할 권리"라고 판단하였다(1997.7.16. 95헌가6).

헌법 제10조의 행복추구권은 이러한 인간 실존을 전제로 이해되어야 한다. 모든 개인은 행복한 삶의 방식을 스스로 선택할 수 있으며, 이를 자신의 노력으로 실현시킬 수 있는 권리를 가진다. 헌법을 이를 기본권으로 인정하고 보장하는 것이다. 평화롭게 살아가는 것은 행복에 필수적이다. 하지만, 인간이 평화로운 상태에서 행복하게 살아가는 것이 가능한지에 대해서도 생각해 볼 일이다. 헌법은 다른 개별적 기본권과 달리 '행복을 추구할 권리'라고 표현하고 있다. '행복할 권리'가 아닌 것은 행복은 추구할 수 있을 뿐, 실현불가능하다는 의미로 해석할 수도 있다. 평화롭게 살아가는 것도 마찬가지다.

헌법은 다양한 기본권을 개별적 기본권으로 나열하고 있으나 모든 종류의 기본권을 유형화하여 헌법규정으로 조문화하는 것은 불가능하다. 행복추구권은 이러한 기본권을 포섭할 수 있어 개별적 기본권으로 인정할 실익이 있다. 행복추구권은 독자적이고 개별적인 기본권이라고 해석하는 것이 타당하다. 하지만, 행복추구권은 주관적이고 추상적이어서 그 내용과 범위가 매우 광범위하다. 개별적 기본권도 인간의 존엄과 가치를 실현하기 위한 것이고, 모두 행복을 추구할 권리에 포섭될 수 있다. 따라서 행복추구권은 포괄적인 성격을 갖는다.

행복추구권은 어떠한 내용을 포함하고 있을까. 헌법은 행복추구권을 인간의 존엄과 가치와 함께 규정하고 있다. 행복추구권은 최고의 헌법적 가치인 인간의 존엄과 가치를 실현하는 수단으로서 서로 불가분의 관계를 가진다. 행복추구권은 그 내용과 범위가 매우 광범위하다. 행복이라는 것 자체가 추상적이고, 사람마다 주관적 가치관에 따라 다양하고 상대적이다. 헌법 규범으로서 행복추구권의 내용을 결정하는 기준은 결국 인간의 존엄과 가치가 될 수밖에 없다.

헌법은 평화적 생존권을 개별적인 기본권으로 규정하지 않고 있다. 하지만, 인간이 평화롭게 살아가는 것은 행복추구권에 포함시킬 수 있다. 헌법재판소가 평화적 생존권을 헌법상 독자적이고 개별적인 기본권이 아니라고 판단한 것이지 헌법적 가치가 아니라고 배척한 것은 아니다. 개인이 평화적으로 생존할 것을 국가에 대해 요구하는 것은 헌법이 개별적 기본권으로 규정한 것은 아니다. 하지만, 인간으로서 살아가는 권리는 헌법적 가치를 가진 것이며, 그 내용은 행복추구권에 포함될 수 있다. 헌법재판소가 개별적 사안에 대한 헌법재판에서 개인이 평화롭게 살 권리에 대해 행복을 추구할 권리에 포함되는 것으로 해석할 수 있고, 이때에는 기본권으로 보장된다고 하겠다.

헌법에 열거되지 아니한 기본권

평화적으로 살 권리를 기본권으로 인정하는 경우에도 이를 헌법에 열거되지 아니한 기본권으로 인정할 것인지에 대해서는 신중하게 판단해야 한다. 헌법에 열거되지 아니한 기본권을 새롭게 인정하려면 우선 특정한 헌법적 가치를 독자적인 기본권으로 인정할 필요성이 있어야 한다. 또한, 그 보호 영역이 비교적 명확하여 권리의 내용과 범위를 확정할 수 있어야 한다. 특히, 기본권으로서의 실질을 인정할 수 있어야 한다. 기본권으로서 국가에 대해 권리의 실현을 요구할 수 있고, 헌법재판을 통해 그 실현을 보장받을 수 있어야 한다.

평화롭게 살 권리는 그 내용이 추상적이어서 그 보호 영역과 범위가 명확하지 않고, 헌법재판을 통해 실현하기 어려운 측면이 있다. 현재의 관점에서 평화롭게 살 권리를 헌법적 가치로 인정하더라도 헌법의 규정과 해석, 기본권의 체계, 헌법재판의 실질 등을 고려할 때 이를 독자적인 기본권으로 인정하기는 어렵다고 생각한다. 다만, 평화롭게 살 권리를 구성하는 구체적 사안이 행복을 추구할 권리에 포함될 수 있고, 이때에는 행복을 추구할 권리로 보장될 것이다.

내용과 제한

평화롭게 살 권리가 행복을 추구할 권리에 포함되는 것으로 인정할 경우에는 기본권으로 인정할 수 있다. 평화롭게 살 권리의 직접적인 헌법적 근거는 헌법 제10조에서 규정하는 행복추구권이다. 이는 헌법 전문과 제5조 등에서 규정하는 국제평화주의에도 부합하는 것이다. 행복추구권의 내용으로 인정되는 평화롭게 살 권리는 단순히 전쟁이 없는 상태에서 생존하는 것에 국한되지 않는다. 이는 국가에 대해 전쟁 등 평화를 파괴하는 행위를 하지 말 것을 소극적으로 요구할 수 있는 것에 그치지 않고, 전쟁과 폭력이 없는 평화로운 상태에서 살아갈 정책을 수립하고 실천할 것을 적극적으로 청구할 수 있는 권리이다. 평화롭게 살 권리의 구체적인 내용은 문제된 사안에 따라 국가가 처한 역사적인 조건과 국제관계 등을 종합적으로 고려하여 결정할 수 있다.

국가는 헌법 제37조 제2항에 따라 평화롭게 살 권리를 제한할 수 있지만, 과잉제한금지의 원칙에 따라 그 한계를 준수해야 한다. 국가는 개인의 자유와 권리를 보호하고, 그러한 국가공동체를 유지하는 것을 목표로 한다. 헌법은 기본권을 보장해야 한다고 규정하고, 국가는 헌법에 구속된다. 따라서 국가는 기본권을 보장해야 할 헌법적 의무를 부담한다.

헌법은 제37조 제2항에서 "국민의 모든 자유와 권리는 국가안전보장・질서유지・공공복리를 위하여 필요한 경우에 한하여 법률로써 제한할 수 있으며, 제한하는 경우에도 자유와 권리의 본질적인 내용을 침해할 수 없다"라고 규정하고 있다. 국가가 공동체의 내적 질서를 유지하고 개인의 기본권을 보장하기 위한 조건을 만들기 위해서는 모든 개인의 기본권을 충족시킬 수가 없다. 기본권을 제한하는 것은 국가공동체를 유지하기 위해서도 필요하다.

헌법은 개인의 기본권을 보장하면서도 이를 제한할 수 있는 근거를 마련하고 있다. 헌법 제37조 제2항은 기본권을 제한할 수 있는 헌법적 근거가 되고, 이를 구체화하는 법률에 의해 기본권이 제한될 수 있다. 하지만, 국가는 개인의 기본권을 최대한 보장해야 할 헌법적 의무를 진다. 따라서 국가가 마음대로 기본권을 제한할 수 있는 것이 아니라 일정한 요건과 절차에 따라서만 기본권을 제한할 수 있다. 헌법 제37조 제2항은 기본권을 제한하는 헌법적 한계를 설정한 것에 그 규범적 의미가 있다.

국가가 기본권을 제한하는 경우에는 그 목적이 '국가안전보장 · 질서유지 · 공공복리'를 위해서만 가능하고, 형식은 반드시 '법률로써' 하여야 한다. 또한, 기본권을 '필요한 경우'에 제한하는 것만 정당화되며, 내용적으로는 '본질적 내용'을 침해할 수 없다. 특히, 기본권을 제한하는 것이 필요한 경우에만 헌법적으로 정당화된다는 것을 과잉제한금지의 원칙이라고 한다.

과잉제한금지의 원칙은 일반적인 법원칙인 비례원칙을 기본권의 제한에 적용한 것이라고 할 수 있다. 과잉제한금지의 원칙은 기본권을 제한하는 경우에도 반드시 필요한 경우에 그만큼만 제한할 수 있을 뿐, 과잉해서 제한해서는 안 된다는 것이다. 과잉제한금지의 원칙은 정당성의 원칙(목적의 정당성), 적합성의 원칙(수단의 적합성), 필요성의 원칙(피해의 최소성), 비례성의 원칙(법익의 균형성)을 핵심적인 요소로 한다.

5. 국가의 기본권 보호 의무

헌법 제10조는 후문에서 "국가는 개인이 가지는 불가침의 기본적 인권을 확인하고 이를 보장할 의무를 진다"라고 규정하였다. 기본권은 국가에 대한 주관적 공권이므로 국가는 개인의 기본권을 보장해야 할 의무를 진다. 이것은 기본권에 대응하는 국가의 의무이다. 국가는 이에 그치지 않고 개인이 기본권을 제대로 누릴 수 있도록 최대한 보장할 헌법적 의무를 부담한다.

기본권은 주관적 공권으로서 일차적으로는 그 주체인 개인이 실현해야 한다. 하지만, 기본권은 국가를 상대로 한 공권이므로 국가가 기본권을 실현하기 위한 법령과 제도를 제대로 구비하지 못하면 개인이 기본권을 실현할 수가 없다. 따라서 국가는 개인이 기본권을 실현할 수 있도록 최대한 노력해야 하고, 적극적으로 다양한 법령과 제도를 정비해야 한다. 이때 국가는 기본권을 침해하는 주체가 아니라 개인의 기본권 침해를 방지하고, 기본권을 실현할 수 있도록 보장하는 주체가 된다. 평화롭게 살 권리를 기본권으로 인정할 경우에 국가는 이를 보호할 헌법적 의무를 진다.

평화의 개념을 확정하기 어렵듯이 헌법에 위반하여 평화롭게 살 권리를 보호하지 못한 것이 무엇인지를 판단하는 것은 매우 어렵다. 국가가 기본권을 침해하지 않아야 하는 의무는 소극적으로 국가의 부작위만으로 충분하다. 하지만, 국가가 기본권을 실현해야 하는 의무는 적극적으로 법령과 제도를 만들어야 하는 의무를 수반하게 된다. 이때 어떤 기본권을 어느 정도 보호할 것인지를 결정하는 과정에서 가치의 갈등과 대립이 발생하게 된다. 기본권을 구체적으로 보호하는 방법과 절차는 기본적으로 국민의 대표기관인 국회가 법률을 통해 마련해야 한다. 따라서 국가의 기본권 보호 의무는 주로 입법작용을 통해 이루어진다.

국가가 기본권 보호 의무는 헌법적 의무이므로 이를 위반하는 것은 헌법 위반이 된다. 국가가 기본권을 효과적으로 실현하는 법률을 마련하지 못하면 그 입법작용은 위헌법률심사를 통해 위헌으로 무효화된다. 이때 입법작용이 위헌인지 여부를 심사하는 기준이 '과소보호금지의 원칙'이다. 국가는 법률을 제정하는 과정에서 상당히 폭넓은 입법재량권을 가지지만, 과소보호금지의 원칙은 반드시 준수해야 한다. 이때 기본권은 국가작용의 헌법적 정당성을 심사하는 통제규범이 된다.

국가가 기본권 보호 의무를 위반하였는지 여부는 개별적 기본권의 성질, 기본권 제한의 유형과 정도, 서로 상충하는 법익 등을 비교형량하여 구체적으로 결정해야 할 것이다. 기본권 보호 의무는 국회와 같은 국가기관에서는 행위의 지침이자 한계인 행위규범이 된다. 하지만, 헌법재판소에게는 국가작용의 위헌성을 심사하는 재판규범인 통제규범이 된다. 국가는 국민의 기본권을 보장하기 위해 최소한의 보호조치를 해야 하는데, 이러한 최소한의 기준에 미치지 못하게 되면 기본권 보호 의무를 위반하여 위헌이 된다. 이때 최소한의 보호조치란 기본권을 실현하기 위하여 적어도 적절하고도 효과적인 최소한의 보호조치를 의미한다고 해석된다.

헌법재판소도 국가의 기본권 보호 의무에 대한 위헌 심사 기준으로 과소보호금지의 원칙을 채택하고 있다. 헌법재판소는 "국가가 국민의 법익보호를 위하여 적어도 적절하게 효율적인 최소한의 보호조치를 취했는가를 기준으로 심사한다"라고 (1997.1.16. 90헌마110), "국가가 아무런 보호조치를 취하지 않았든지 아니면 취한 조치가 법익을 보호하기에 전적으로 부적합하거나 매우 불충분한 것임이 명백한 경우에 한하여 국가의 보호

의무의 위반을 확인하여야 한다"라고(2008.12.26. 2008헌마41)고 각각 판단하였다.

국가는 인간의 존엄과 가치를 실현해야 할 헌법적 의무를 부담하며, 인간의 존엄과 가치는 평화로운 삶에서만 실현될 수 있다. 따라서 국가가 평화로운 삶의 조건을 만드는 것은 헌법적 의무이다. 하지만, 국가가 개인의 평화롭게 살 권리를 보호해야 할 헌법적 의무는 헌법 제10조 후문에 근거한 기본권 보호 의무라는 것에 유의해야 한다. 개인의 평화롭게 살 권리는 행복추구권의 내용으로 인정되므로 개인이 가지는 기본권을 전제로 하여 그에 대응하여 국가가 부담하는 헌법적 의무이다. 이것은 헌법의 전문, 제4조, 제5조 등에서 규정하는 국제평화주의와 평화통일의 원칙으로부터 도출되는, 평화의 구축과 유지라는 헌법적 의무와는 구별된다.

국가가 평화에 대해 헌법적 의무를 부담한다는 것과 개인에게 평화에 대한 기본권을 인정한다는 것은 큰 차이가 있다. 기본권은 국가에 대해 요구할 수 있는 기본적 권리이다. 권리가 있는 곳에 의무가 발생하지만, 의무가 있다고 해서 권리가 생기는 것은 아니다. 양자는 구별해야 한다. 개인에게 평화에 대한 기본권을 인정하면, 국가는 그 기본권을 보장할 헌법적 의무를 진다.

하지만, 국가에게 평화에 대한 헌법적 의무를 부과한다고 하더라도 곧장 개인에게 권리가 생기는 것은 아니다.

국가가 헌법적 의무를 위반하거나 개인의 기본권을 침해하는 경우에는 모두 위헌이 되어 그 효력을 상실하게 된다. 하지만, 헌법재판을 통해 헌법질서를 회복하는 방법에 있어서 중대한 차이가 있다. 국가가 평화에 대한 헌법적 의무를 위반한 경우에는 헌법재판소가 법원의 재판 과정에서 위헌법률심판을 통해 헌법재판을 한다. 하지만, 국가가 개인의 기본권을 침해하는 경우에는 헌법재판소는 위헌법률심판 이외에도 헌법소원심판의 방식으로 헌법재판을 할 수도 있다.

국가가 국제평화의 유지에 노력하고, 평화통일을 달성해야 하는 헌법적 의무는 개인의 기본권을 전제로 인정되는 것이 아니다. 헌법재판소는 헌법이 국가에게 부과한 헌법적 의무를 위반하였는지 여부를 심사하는 기준을 명확하게 제시하지 않고 있다. 국가가 이러한 헌법적 의무를 위반하였는지에 대한 심사 기준과 기본권 보호 의무를 위반하였는지에 대한 심사 기준은 거의 동일하다. 즉, 국가가 평화에 대한 헌법적 의무를 위반하였다고 인정하기 위해서는 헌법이 국가에게 구체적인 의무를 부과해야 한다. 또한, 국가가 아무런 조치를 취하지 않았든지 아니면 취한 조치가 법익을 보호하기에 전적으로 부적합하거나 매우 불충분한 것임이 명백한 경우에 한하여 헌법 위반이 된다고 하겠다.

헌법재판소는 국가의 평화에 대한 헌법적 의무와 기본권 보호의무에 대해 위헌이라고 판단할 경우에는 그것이 위헌임을 확인할 수 있을 뿐, 국가에게 특정한 행위나 조치를 취할 의무를 부과할 수는 없다. 국가의 평화에 대한 헌법적 의무와 기본권 보호의무는 국회의 입법을 통해 구체적으로 확정되므로 개인이 특정한 조직, 제도, 절차를 마련할 것을 헌법재판을 통해 국가에 대해 직접 청구할 수는 없다. 이는 권력 분립의 원칙을 고려한 것이다. 즉, 헌법재판소가 국회를 비롯한 다른 국가기관의 헌법적 권한을 침해할 우려가 있기 때문이다.

6. 양심의 자유와 병역거부

헌법 제19조는 "모든 국민은 양심의 자유를 가진다"라고 규정하였다. 양심의 자유란 개인의 자율적인 판단 하에 구체적으로 무엇이 옳고 그른 것인지를 결정할 수 있는 윤리적·도덕적 인식의 형성과 그에 기초한 행동의 자유를 의미한다. 이것은 옳고 그름의 판단을 추구하는 가치적·도덕적 마음가짐이다. 따라서 개인은 자신의 소신에 따라 각자의 양심을 가질 수 있어야 인격의 정체성과 동질성을 유지할 수 있다. 개인이 평화롭게 살 권리는 사안에 따라 양심의 내용에 포함되는 것으로 해석할 수 있다. 특히, 이른바 '양심적 병역거부'를 형사처벌하는 것은 양심의 자유를 침해하는 것이라는 논쟁이 커지고 있다.

양심의 자유를 논란할 때 양심이란 종교적 신앙이라는 견해, 윤리적 양심이라는 견해, 사회적 양심이라는 견해가 있다. 헌법재판소는 "헌법에 의해 보호되는 양심은 첫째, 문제된 당해 실정법의 내용이 양심의 영역과 관련되는 사항을 규율하는 것이어야 하고, 둘째, 이에 위반하는 경우 이행강제, 처벌 또는 법적 불이익의 부과 등 법적 강제가 따라야 하며, 셋째, 그 위반이 양심상의 명령에 따른 것이어야 한다"라고 판단하였다(2002.4.25. 98헌마425). 헌법재판소는 윤리적 양심설을 따른 것으로 해석된다.

양심적 병역거부란 종교나 비폭력·평화주의 신념 등에 따라 입영을 거부하는 것을 말한다. 대한민국은 징병제를 채택하고 있는데, 그동안 병역거부로 형사처벌을 받은 사람은 2만 명에 육박한다. 대법원은 "병역의무는 국민 전체의 인간으로서의 존엄과 가치를 보장하기 위한 것이라 할 것이고, 양심의 자유가 위와 같은 헌법적 법익보다 우월한 가치라고 할 수 없다. 그 결과 위와 같은 헌법적 법익을 위하여 피고인의 양심의 자유를 제한한다 하더라도 이는 헌법상 허용된 정당한 제한이라 할 것이다"라고 판단하였다(2004.7.15. 2004도2965). 양심적 병역거부가 현행법상 병역거부의 처벌 예외사유인 '정당한 사유'에 해당하지 않는다고 판단한 것이다.

헌법재판소는 양심이나 종교를 이유로 병역의무를 거부하는 자를 처벌하는 병역법에 대한 위헌법률심판사건에서 병역의무를 부과하는 것은 과잉제한금지의 원칙에 위반되지 않으며, 대체복무제도를 도입할지 여부는 입법자의 재량에 속한다는 이유로 병역법의 규정은 양심의 자유를 침해하지 않는다고 판단하였다(2011.8.30. 2008헌가22). 하지만, 2018년 6월 28일 헌법재판소는 병역의 종류에 양심적 병역거부자의 대체복무제를 규정하지 않은 병역법에 대해 헌법불합치결정을 하고, 2019년 12월 31일까지 입법을 개선할 것으로 명령하였다(2018.6.28. 2011헌바379). 다만, 정당한 사유 없이 병역을 거부한 자를 처벌하는 병역법 규정은 헌법에 위반되지 않는다고 기존의 입장을 유지하였다.

한편, 2004년 서울남부지방법원에서 병역거부에 대한 병역법 위반사건이 무죄로 선고된 이후, 2018년 6월 현재까지 하급심에서 70건이 넘는 무죄판결이 선고되었다. 이들 판결은 양심적 병역거부자에 대한 형사처벌은 헌법이 보장하는 양심의 자유를 침해한다고 판단한 것이다. 대법원과 헌법재판소가 양심적 병역거부자를 형사처벌하는 것이 위헌이 아니라고 판단하였음에도 불구하고 하급심에서 계속하여 무죄판결이 증가하는 것은 주목할 만한 일이다. 머지않아 양심적 병역거부자에게 대체복무를 허용하는 법률이 마련될 것으로 기대된다.

양심의 자유로 보호되는 양심이란 완전히 주관적인 양심이 아니라 최소한 헌법적 가치로 보장할 수 있는 것이어야 한다. 다만, 그것은 법률적 가치나 사회적 가치가 있어야 하는 것은 아니

헌법재판소는 양심이나 종교를 이유로 병역의무를 거부하는 자를 처벌하는 병역법에 대한 위헌법률심판사건에서 병역의무를 부과하는 것은 과잉제한금지의 원칙에 위반되지 않으며, 대체복무제도를 도입할지 여부는 입법자의 재량에 속한다는 이유로 병역법의 규정은 양심의 자유를 침해하지 않는다고 판단하였다(2011.8.30. 2008헌가22). 하지만, 2018년 6월 28일 헌법재판소는 병역의 종류에 양심적 병역거부자의 대체복무제를 규정하지 않은 병역법에 대해 헌법불합치결정을 하고, 2019년 12월 31일까지 입법을 개선할 것으로 명령하였다(2018.6.28. 2011헌바379). 다만, 정당한 사유 없이 병역을 거부한 자를 처벌하는 병역법 규정은 헌법에 위반되지 않는다고 기존의 입장을 유지하였다.

다. 이때 헌법적 가치로 인정되는지 여부는 구체적 사안에 따라 양심의 내용을 보고 판단해야 할 것이다. 대법원은 양심의 주관적 성격을 인정하면서도 사회적 평균인의 관점에서 그 기대가능성이 있어야 한다는 점을 강조한 것도 이러한 관점에서 이해할 수 있다(2004.7.15. 2004도2965).

양심의 자유는 헌법 제37조 제2항에 따라 제한될 수 있다. 양심의 자유를 제한하는 경우에 과잉제한금지의 원칙을 적용해야 할 것인데, 이때에는 양심의 자유가 갖는 특성을 고려해야 한다. 양심은 개인의 인격적 정체성을 유지하는 것이므로 생명권과 마찬가지로 완전하게 보장되지 않으면 의미가 없다. 즉, 양심의 자유를 제한하는 것 자체가 양심에 반하는 내용을 강제하는 것이다. 따라서 양심의 자유는 완전히 인정되거나, 그렇지 않으면 침해되는 것으로 판단될 가능성이 크다. 양심의 자유를 부분적으로 제한하는 것은 그 자체가 양심의 자유를 제한하는 결과가 된다는 것이다. 또한, 양심에 반하는 내용을 강제로 하게 하는 것을 통해서는 양심의 자유를 제한하는 목적을 달성할 수 없어 수단의 적합성이 인정되지 않을 가능성이 크다. 양심의 자유를 제한하는 것이 위헌인지 여부를 판단하는 경우에는 이러한 특성을 고려하여 좀 더 신중하고 엄격한 기준을 적용해야 할 것이다.

제7장

사회복지, 문화와 환경

1. 사회복지국가

평화와 사회복지

현대국가에서 평화는 모든 사람이 평등하게 실질적으로 자유로운 상태에서만 가능하다. 19세기 산업혁명에 따라 경제가 급속하게 성장하였으나 자본주의에 기초한 자유시장경제질서는 새로운 문제점을 낳게 되었다. 역사적으로 사적 영역인 경제 활동에서는 자유주의가 지배하고, 공적 영역인 정치 활동에서는 민주주의가 지배하였다. 하지만, 사회의 경제 활동을 개인의 자유와 경쟁에만 맡겨 두었을 경우에는 소수의 자본가만 부를 독점하게 되고, 소득의 불평등으로 인하여 계급 간의 갈등이 증가하는 등 부작용이 생기게 되었다. 이는 인간의 존엄과 가치를 훼손함은 물론 국가공동체의 안정성을 붕괴시키게 되어 헌법이 지향하는 이상적인 국가공동체를 형성하는 데 치명적인 장애가 되었다.

현대국가는 사회의 경제 생활의 영역에서 개인의 자율적인 조정을 통해 공정한 사회를 실현하기 어려운 경우에는 국가가 개입하여 다양한 이해관계를 조정하도록 한다. 이로 인하여 개인의 자유가 제한될 수 있지만, 이는 국가공동체의 평화를 유지하기 위한 부득이한 조치라고 할 수 있다. 건강한 국가는 다른 사람의 자유를 인정하는 것이 개인의 자유를 보장하는 조건이 되는 공동체이다. 국민 모두가 사회적·경제적으로 높은 수준의 삶을 누릴 수 있도록 사회복지의 증진을 목표로 하는 국가가 사회복지국가이다. 사회복지국가라는 말은 사용하는 맥락에 따라 사회국가, 복지국가 등으로 부르기도 한다.

사회복지국가는 자유시장경제질서를 기본으로 하면서도 그 부작용을 시정하기 위해 자본주의를 수정하여 사회주의적 이념으로 보완하는 것을 핵심 내용으로 한다. 하지만, 국가가 사회의 경제 활동에서 어느 정도까지 개인의 자유를 제한하고 간섭할 것인지는 그 지향점에 따라 다양한 의견이 나타난다.

헌법규정

헌법은 사회복지를 헌법적 가치로 표방하고, 이를 실현하는 것을 국가의 헌법적 의무로 규정하는 한편, 개인에게 국가를 상대로 사회복지국가를 실현할 것을 요구하는 것을 헌법적 권리로 보장한다. 헌법은 전문에서 "정치·경제·사회·문화의 모든 영역에 있어서 각인의 기회를 균등히 하고, 능력을 최고도로 발휘하게 하며, … 안으로는 국민생활의 균등한 향상을 기하고 … 우리들과 우리들의 자손의 안전과 자유와 행복을 영원히 확보할 것"을 지향한다고 규정하였다. 사람은 사회적 존재이므로 자기 혼자의 자유만으로는 행복할 수 없다. 타인의 자유를 존중하면서 공존할 때에만 행복을 추구할 수 있으므로, 국가공동체가 안전하게 유지되어야 한다. 우리 헌법은 전문에서 사회복지를 헌법적 가치로 제시하고 있다.

우리 헌법은 외국의 헌법과 달리 제9장에서 경제질서와 관련하여 국가의 책임과 의무를 자세하게 규정하였다. 제119조 제1항은 "대한민국의 경제질서는 개인과 기업의 경제상의 자유와 창의를 존중함을 기본으로 한다"라고 규정하였다. 이는 자본주의에 기초한 자유시장경제질서를 원칙으로 채택하는 것으로 해석되며, 사유재산제도를 인정하고 재산권을 기본권으로 보장하는 것에 의해 뒷받침된다. 한편, 제119조 제2항은 "국가는 균형있는 국민경제의 성장 및 안정과 적정한 소득의 분배를 유지하고, 시장의 지배와 경제력의 남용을 방지하며, 경제주체 간의 조화를 통한 경제의 민주화를 위하여 경제에 관한 규제와 조정을 할 수 있다"라고 규정하였다. 이 조항은 사회복지주의를 가장 강력하게 선언한 것이다. 이를 바탕으로 제120조부터 제127조까지 사회복지를 실현하기 위한 다양한 국가의 책임과 의무를 규정하였다.

헌법은 제31조에서 제36조까지 사이에서 사회권을 규정하였는데, 이들은 국가로부터의 소극적 자유가 아니라 국가에 대해 사회적 존재로서의 생존 보장을 요구하는 권리이다. 사회권은 사회복지를 단순히 이념적으로 지향하는 것을 넘어 개인에게 헌법적 권리로 인정한 것이다. 근대 국민국가가 형성되는 과정에서 개인의 재산권은 생명, 자유와 함께 절대적 기본권으로 인정되었다. 하지만, 현대국가에서 재산권은 사회권과 조화롭게 보장되어야 하므로 일정한 제한을 받게 되었다.

헌법은 제23조 제1항에서 "모든 국민의 재산권은 보장된다"라고 규정하여 재산권을 기본권으로 보장하면서도 "재산권의 내용과 한계는 법률로 정한다"라고 규정하여 재산권의 한계를 인정하였다. 또한, 제23조 제2항에서는 "재산권의 행사는 공공복리에 적합하도록 하여야 한다"라고 규정함으로써 재산권의 한계를 인정하고 헌법적 의무를 부과하였다. 이러한 규정도 모두 사회복지를 실현하기 위한 것이다.

사회복지를 규정하는 헌법 규정은 단순히 헌법정책적 과제를 제시하는 것이 아니라 헌법적 가치로서 실천적인 규범으로서의 효력이 있다. 사회복지는 모든 국가작용의 헌법적 지침이자 한계를 설정하게 되며, 법률을 해석하는 기준으로서 재판규범의 성격이 있다. 따라서 국가작용이 사회복지를 위반한 경우에는 위헌이 된다.

사회복지의 한계

사회복지의 개념은 역사적으로 그 자체가 처음부터 헌법적 가치로 탄생한 것이 아니라 자유시장경제질서를 보완하는 과정에서 발전하였다. 따라서 그 역할을 수행하는 과정에서 다음과 같은 한계가 있을 수밖에 없다.

첫째, 자유시장경제질서의 본질적인 내용을 침해해서는 안 된다. 사회복지는 자본주의의 기본원칙인 사유재산제도를 포기하거나 재산권의 본질적 내용을 침해하면서 추구될 수는 없다. 자유시장경제질서는 개인의 자율성에 기초하여 사적 자치의 원칙과 직업선택의 자유를 보장하므로 이를 전면적으로 배제할 수는 없다. 따라서 시간적으로 사회복지는 자유시장경제질서가 개인의 자율적인 선택과 운영에 의해서는 제대로 작동하지 않을 경우에만 국가가 개입해야 한다. 이때에도 국가는 자유시장경제질서가 공정하게 작동될 수 있는 정도로만 필요한 범위에서 제한적으로 개입해야 한다. 이것이 보충성의 원칙이다.

둘째, 다른 헌법적 가치와 조화롭게 실현해야 한다. 사회복지는 국가의 개입을 필수적으로 요구하므로 국가권력의 작용에서 필요한 헌법원리에도 부합해야 한다. 특히, 법치국가라는 원칙과 자유민주주의와 조화로운 균형이 필요하다. 국가권력은 법치의 원칙을 준수하여 법률이 정한 절차에 따라 작동해야 하고, 자유민주주의를 실현해야 정당성이 인정된다. 사회복지는 법치국가라는 원칙과 자유민주주의에 위반되지 않는 범위에서만 적용된다는 한계가 있다. 또한, 사회복지를 실현하는 것은 개인의 기본권과 밀접한 관련이 있다. 따라서 기본권을 보장하고 제한하는 헌법적 요건과 한계를 준수해야 한다.

셋째, 현실적으로 재정적인 지원을 받아야 가능하다. 국가가 사회복지를 실현하기 위해서는 현실적으로 많은 재정적 지원 능력을 갖추어야 한다. 하지만, 이러한 한계는 현실의 문제이지 헌법규범적 문제는 아니다.

2. 문화국가의 실현

평화가 유지되기 위해서는 물리적 폭력과 그 가능성만 제거해서는 안 된다. 문화적 폭력이 구조화될 경우에는 물리적 폭력보다 훨씬 더 위험하다. 문화국가를 실현하는 것은 평화를 안정적으로 유지하기 위해서는 필수적이다. 문화란 자연상태에 인간이 작용을 가하여 새롭게 창조하는 것을 의미한다. 문화국가란 개인의 문화적 자유를 보장하고, 적극적으로 개인의 문화적 생활을 구현하기 위해 노력하는 국가를 말한다. 우리 헌법은 전문에서 "문화의 모든 영역에 있어서 각인의 기회를 균등히 하고, 능력을 최고도로 발휘하게 하며"라고 규정하고, 제69조에서 대통령은 "민족문화의 창달에 노력하여…"라고 취임선서를 하도록 규정하여 문화국가의 실현을 헌법적 가치로 지향한다.

문화국가는 주로 개인의 정신적이고 예술적 창작 활동을 통해 실현될 수 있다. 국가는 개인에게 물질적이고 경제적인 최소한의 생활조건을 제공할 뿐만 아니라 개인이 자유롭게 정신적인 창작 활동을 할 수 있도록 적극적으로 보장해야 한다. 문화국가를 실현하는 것은 사회복지를 문화적 영역까지 확대하는 것으로 이해할 수 있다. 사회복지도 경제질서를 넘어 문화질서를 통해서만 제대로 실현될 수 있다. 헌법 9조는 "국가는 전통문화의 계승·발전과 민족문화의 창달에 노력하여야 한다"라고 규정하여 국가에게 문화국가를 실현할 책무를 부여하고 있다. 문화국가를 실현하기 위해서는 다음과 같은 과제를 해결해야 한다.

첫째, 국가는 개인의 자유로운 문화 활동을 보장해야 한다. 문화는 사회의 자율 영역에서 개별성, 고유성, 다양성을 통해 발전하므로 국가가 문화의 영역에 간섭하고 정치적 영향을 끼쳐서는 안 된다. 헌법 제22조 제2항은 "저작자·발명가·과학기술자와 예술가의 권리를 법률로써 보장한다"라고 규정하여 학문과 예술의 자유를 통해 문화국가를 실현하고자 한다. 헌법재판소는 "문화국가를 실현하기 위해 보장되어야 할 정신적 기본권으로 양심과 사상의 자유, 종교의 자유, 언론출판의 자유, 학문과 예술의 자유 등은 문화국가원리의 불가결한 조건이다"라고 판단하고, 개인이 자유롭게 문화를 향유할 권리는 헌법 제10조에서 보장하는 행복추구권의 내용에 포함된다고 하였다(2004.5.27. 2003헌가1).

둘째, 현대사회에서 문화는 공공재로서의 성격이 강하며, 문

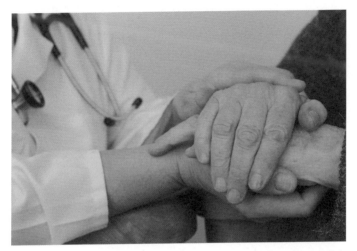

건강한 국가는 다른 사람의 자유를 인정하는 것이 개인의 자유를 보장하는 조건이 되는 공동체이다. 국민 모두가 사회적 · 경제적으로 높은 수준의 삶을 누릴 수 있도록 사회복지의 증진을 목표로 하는 국가가 사회복지국가이다. 사회복지국가라는 말은 사용하는 맥락에 따라 사회국가, 복지국가 등으로 부르기도 한다.

화재는 인류의 공통적 자산이라고 할 수 있다. 따라서 문화 활동을 사적 영역에만 맡길 경우에는 문화가 자본권력에 종속되어 문화적 전통이 쇠퇴하고 상업화될 뿐만 아니라 문화적 불평등이 발생할 위험성이 있다. 따라서 국가는 건강한 문화국가를 구현하기 위해 일정한 범위에서는 개입할 필요가 있다. 다만, 국가는 개인의 문화 활동을 규제하거나 축소하는 것이 아니라 공정하게 지원하고 조성하는 역할을 해야 한다.

셋째, 전통문화의 계승·발전과 민족문화의 창달에 노력해야 한다. 이때 전통문화란 단순히 시간적으로 오래된 것을 말하는 것이 아니라 역사성과 시대성을 반영하여 오늘날에도 보편타당한 전통윤리나 도덕관념을 의미하는 것이다. 그것은 인간의 존엄과 가치, 자유와 평등, 정의의 실현이라는 헌법적 가치에 위반해서는 안 된다. 한편, 민족문화주의는 배타적이고 폐쇄적인 성격을 띠고 폭력적 정치이데올로기로 변질될 위험성이 있다. 이는 세계화된 정보화 시대에는 어울리지 않는 측면이다. 따라서 문화국가를 실현하기 위해 창달해야 하는 민족문화란 개방적 민족문화로서 인간의 존엄과 가치를 존중하는 인권보장과 국제평화주의와 조화를 이룰 수 있는 것이어야 한다.

3. 환경권과 환경보전의무

평화와 환경

헌법은 제35조 제1항에서 "모든 국민은 건강하고 쾌적한 환경에서 생활할 권리를 가지며, 국가와 국민은 환경보전을 위하여 노력하여야 한다"라고 규정한다. 인간은 자연의 일부이며, 자연의 질서가 파괴되면 인간은 평화로울 수가 없다. 특히, 현대국가에서 개인은 지구촌에서 생활하고 있어, 지역사회나 국가공동체 차원만으로는 평화를 확보할 수가 없게 되었다. 일반적으로 환경이란 인간에게 직접적으로 또는 간접적으로 영향을 주는 자연적 조건이나 사회적 상황을 말한다. 평화의 전제가 되는 환경은 전지구적 차원에서 다루어야 할 이슈이며, 국가적 차원만으로는 그 안정성이 확보될 수가 없다.

헌법은 전문에서 "우리들과 우리들의 자손의 안전과 자유와 행복을 영원히 확보할 것"을 다짐하였다. 안전, 자유, 그리고 행복은 평화의 다른 이름이고, 이를 실현하기 위해서는 개인이 건강하고 쾌적한 환경에서 생활할 수 있어야 한다. 우리나라는 1980년 헌법에서 처음으로 환경권을 기본권으로 인정하였다. 또한, 국가와 국민에게 환경보전을 위하여 노력할 헌법적 의무를 부과하였다.

환경권

헌법은 환경권을 기본권으로 보장하고 있다. 환경권이란 건강하고 쾌적한 환경에서 생활할 수 있는 권리를 말한다. 건강한 환경이란 육체적으로나 정신적으로 건강하게 살아갈 수 있는 환경이다. 쾌적한 환경이란 안락하고 평온한 환경이다. 이때 환경은 공기나 물 등 자연적 환경은 물론이고 도로, 역사적 유산 등 사회적·문화적 환경까지 포함된다.

환경권은 산업화에 따른 자연환경의 파괴와 오염을 국가적으로 규제해야 한다는 문제의식에서 비롯되었다. 환경권을 보장하는 것은 타인의 재산권을 제한하기도 하고 경제성장에 장애가 되기도 한다. 하지만, 환경은 개인적 차원에서 보장되는 재산권의 대상이 아니다. 공공재로서의 성격이 강하다. 특히, 자연환경은 국제사회의 협력을 통해서만 실효적으로 보전될 수 있다.

헌법 제35조 제2항은 "환경권의 내용과 행사에 관하여는 법률로 정한다"라고 규정하여 구체적인 내용은 국회가 제정하는 법률을 통해 확정하도록 하였다. 국회는 법률을 통해 환경권을 구체화할 수 있고, 그 내용은 기본권에 포함된다고 할 수 있다. 하지만, 국회는 헌법에 의해 입법권을 부여받고 있으므로 헌법을 위반하여 법률을 제정할 수는 없다. 따라서 헌법에서 규정하는 기본권의 개념과 범위를 확정하는 것이 우선되어야 한다.

국회는 환경정책기본법, 대기환경보전법, 토양환경보전법, 수질 및 생태계 보전에 관한 법률, 원자력법 등을 제정하여 환경권을 구체화하고 있다. 환경정책의 기본이 되는 환경정책기본법은 환경권의 보호대상을 자연환경과 생활환경으로 구분한다. 환경권은 국가에 대해 소극적으로 환경파괴와 환경오염을 하지 말 것을 요구할 수 있는 권리뿐만 아니라, 적극적으로 환경파괴의 예방과 친환경적 생활조건을 형성할 것을 요구할 수 있는 권리이다.

환경권의 주체는 누구인가. 건강하고 쾌적한 환경에서 생활하는 기본권은 인간이므로 법인 그 자체는 환경권의 주체가 될 수 없다. 또한, 헌법은 '모든 국민'이라고 규정하고 있어 원칙적으로 국민만 주체가 될 수 있지만, 환경권의 특성을 고려하면 일정한 사항에 대해서는 외국인도 기본권의 주체가 될 수 있어야 한다. 특히, 환경권은 기성세대뿐만 아니라 미래세대의 안전과 평화를 위해 더욱 중요하다.

환경권이 기본권이라는 것은 국가가 환경권을 침해한 경우에 이를 위헌으로 선언하여 침해 결과를 배제할 수 있는 법적 효력이 있다는 것이다. 국가는 환경권을 보장하기 위해 무엇을 해야 하는가. 우선, 개인이 건강하고 쾌적한 환경에서 생활하는 것을 방해하지 말아야 한다. 즉, 환경파괴나 환경오염을 야기하지 않도록 해야 한다는 것이다. 이때 어떤 국가작용이 환경권을 침해하여 위헌인지 여부는 헌법 제37조에서 규정하는 과잉제한금지의 원칙을 기준으로 판단해야 한다. 한편, 국가는 개인이 건강하고 쾌적한 환경에서 생활할 수 있는 여건을 적극적으로 조성해야 한다. 국가가 환경권을 보장하기 위한 입법을 전혀 하지 않거나 그 내용이 현저히 불합리하여 헌법상 용인될 수 있는 재량의 범위를 일탈한 경우에는 헌법에 위반된다. 이때 환경권은 사회권의 성격을 가지고 있으며, 그 위헌 여부는 과소보호금지의 원칙을 기준으로 판단해야 한다.

환경권은 헌법이 보장하는 다른 기본권과 달리 특정한 생활영역에 대한 권리가 아니라 인간의 삶 자체의 전반적인 조건에 대한 권리이다. 헌법은 환경권을 국민의 기본권으로 보장하면서도 동시에 국민에게 환경보전의무를 부과한다. 즉, 헌법 제35조 제1항은 후문에서 "국가와 국민은 환경보전을 위하여 노력하여야 한다"라고 규정한 것이다. 따라서 국민이 환경보전을 하는 것은 헌법적 의무이다. 하지만, 이 규정을 근거로 개인이 국가가 아닌 타인에게 환경권을 직접 주장할 수는 없다. 개인은 국회가 제정한 법률에 근거하여 개별적으로 제3자인 타인에게 환경권 침해의 법적 책임을 지울 수 있을 뿐이다.

환경권도 다른 헌법적 가치를 위해 제한될 수 있다. 이때에는 헌법 제37조 제2항에서 규정하는 과잉제한금지의 원칙에 따라야 한다. 다만, 환경은 개인 차원에서 보전될 수 있는 것이 아니고, 공공재 성격이 강하므로 환경권을 주관적 공권으로서만 보장하기에는 적합하지 않은 측면이 있다는 점을 고려해야 한다.

환경보전의무

헌법은 제35조 제1항에서 "모든 국민은 건강하고 쾌적한 환경에서 생활할 권리를 가지며, 국가와 국민은 환경보전을 위하여 노력하여야 한다"라고 규정하였다. 환경보전이란 자연 본래의 깨끗한 상태를 유지하기 위해 인간이 환경을 보호, 정비, 관리하는 것을 말한다. 환경보존을 실현하는 것은 세계 전체의 과제이다. 따라서 국민은 물론 국가도 헌법적 의무를 지고, 자연인과 법인을 포함하여 외국인과 외국법인도 그 의무를 진다. 다만, 헌법적 의무의 구체적인 내용은 법률에 의해 확정될 것이다. 헌법은 제35조 제3항에서 "국가는 주택개발정책 등을 통하여 모든 국민이 쾌적한 주거생활을 할 수 있도록 노력하여야 한다"라고 규정하여 국가가 모든 국민의 쾌적한 주거생활을 위해 노력할 의무를 부과하였다.

헌법은 환경보전의 의무에 대해서는 법률유보의 형식을 채택하지 않고, "노력하여야 한다"라고 표현하였지만, 다른 헌법적 의무와 마찬가지로 그 구체적인 내용은 법률을 통해 확정되는 것으로 이해해야 한다. 헌법은 환경보전을 위해 노력해야 할 의무를 국가뿐만 아니라 국민에게도 부과하였다. 헌법이 부과하는 의무는 법률이 부과하는 의무와 어떠한 차이가 있는가. 헌법이 보장하는 기본권은 법률에서 규정하는 권리보다 강력하게 보장된다. 기본권은 국가에 의해 비로소 허용되는 권리가 아니라 개인이 국가기관에 주장할 수 있도록 헌법이 보장하는 권리이다.

헌법은 최고규범으로서 법률의 근거가 되고, 법률적 의무는 법률의 규정에 의해 그 구체적인 내용과 범위가 확정된다.

헌법이 국민에게 부과하는 의무는 법률적 의무보다 강력하고, 헌법이 국가나 법률과 무관하게 개인에게 부과하는 의무라고 이해할 수도 있다. 헌법적 의무는 헌법이 직접 부과하고, 헌법보다 약한 국가권력이 부과하는 것이 아니라는 것이다. 하지만, 헌법적 의무는 결국 법률적 의무라고 해석해야 한다. 헌법이 개인에게 부과하는 의무는 국가공동체를 유지하기 위한 최소한의 의무가 있다는 것을 헌법적으로 선언한 것이다. 헌법규정만으로는 그 의무가 구체적으로 확정되지 않고, 국가에서 법률로 규정함으로써 비로소 규범적 의무가 된다.

기본권은 헌법에 규정되어 있는 것만으로 법적 효력을 발휘하여 법률에 구체적인 내용이 규정되지 않더라도 그 침해에 대해 헌법적 보호를 요청할 수 있다. 하지만, 헌법적 의무는 법률에 구체적으로 규정되지 않는 이상 헌법규정을 이유로 직접 헌법적 보호는 물론 법률적 보호도 요청할 수가 없다. 헌법의 규정만으로는 헌법적 의무의 내용과 범위가 확정되지 않기 때문이다.

제8장

결론: 법과 평화,
서로에게 의미가 되다

평화를 실현하기 위해서는 폭력이 없어야 한다. 이때 폭력은 물리적 폭력뿐만 아니라 억압적 시스템에 의한 구조적 폭력과 사회문화적 폭력을 포함한다. 또한, 현실적으로 발생한 폭력뿐만 아니라 폭력의 잠재적 가능성도 포함한다. 평화는 모든 인간이 그 고유한 존엄과 가치를 가지고 자유롭고 평등하게 자신이 생각하는 행복을 추구하면서 살 수 있는 세계를 지향한다. 이것은 법의 목적이기도 하다.

법은 평화를 실현하고 유지하는 강력한 수단이다. 이와 동시에 법은 평화를 한계 지우는 통제장치이기도 하다. 평화의 구체적인 내용과 이를 실현하는 절차는 법적 이념에 부합해야 정당화될 수 있다. 한편, 법은 국가권력에 강제력을 부여한다는 점에서 폭력적 성격을 가진다. 법은 평화의 목적이 될 수 없지만, 평화는 법의 목적이 된다. 평화를 실현하는 법은 평화에 기여해야 하고, 평화는 법의 정당성의 근거가 된다. 평화는 법이 존재하는 조건이 된다. 평화와 법은 서로 의존적인 상관관계 속에서 선순환적 작용을 통해 서로에게 의미를 부여한다.

대한민국은 민주적 법치국가를 지향한다. 민주주의와 법치에서 평화는 그 실존적 전제이자 지향점이다. 대한민국은 1948년 헌법을 제정하면서부터 평화를 헌법적 가치로 수용하였다. 그 이후 헌법을 개정하면서 평화를 더욱 구체적으로 헌법 원리로 발전시켰다. 특히, 국제평화의 유지와 조국의 평화적 통일을 헌법의 기본원리로 채택하고 있다.

　현대 국가에서 평화는 지향하는 가치에 그치는 것이 아니라 삶의 조건이 되었으며, 국가가 평화를 구축하는 것은 추상적인 국가목표가 아니라 구체적인 의무가 되었다. 이에 따라 평화롭게 살아가는 것은 법적 권리에 그치는 것이 아니라 헌법적 기본권으로 보장되어야 한다는 주장이 제기되고 있다. 헌법재판소는 평화적 생존권을 헌법적 기본권으로 인정하였다가, 판례를 변경하여 기본권성을 부인하였다. 국가에 대해 평화적 생존을 요청할 수 있는 구체적인 권리가 아니라는 것이다. 하지만, 평화의 헌법적 가치를 부인한 것은 아니다. 평화롭게 살 권리는 헌법 제10조에서 규정하는 행복을 추구할 권리의 내용에 포함될 수 있다. 국가는 기본권 보호의무에 따라 평화롭게 살 권리를 보호해야 할 헌법적 의무를 부담한다. 평화롭게 살 권리는 양심의 자유와 병역거부와 관련하여 현실적인 이슈가 되고 있다.

평화가 실현되고 유지되기 위해서는 물리적 폭력과 그 가능성만 제거해서는 안 된다. 국가공동체에서 개인이 실질적으로 평화롭게 살기 위해서는 사회복지가 보장되고 문화국가가 실현되어야 한다. 정치권력의 폭력적 지배보다 사회적·경제적 폭력이 더욱 위험하고, 그보다 문화적 폭력이 훨씬 위험할 수 있다. 인간은 자연의 일부이며, 자연의 질서가 파괴되면 인간은 평화로울 수가 없다. 환경은 평화의 전제가 되며, 전 지구적 차원에서 보전되어야 한다. 지역사회와 국가공동체 차원만으로는 그 안정성을 확보할 수가 없다.

헌법은 사회복지를 기본적 이념을 지향하며, 문화국가를 실현하기 위해 노력할 것을 규정하고 있다. 또한, 환경권을 헌법적 기본권으로 보장하고, 국가와 국민에게 환경보전을 위해 노력할 헌법적 의무를 부과하고 있다.

찾아보기

서울대학교 통일평화연구원 평화교실 총서 07

평화와 법

등록 1994.7.1 제1-1071
1쇄 발행 2018년 8월 20일

지은이 이효원
펴낸이 박길수
편집인 소경희
편 집 조영준
관 리 위현정
디자인 이주향
펴낸곳 도서출판 모시는사람들
　　　　110-775 서울시 종로구 삼일대로 457(경운동 수운회관) 1207호
전 화 02-735-7173, 02-737-7173 / 팩스 02-730-7173
홈페이지 http://www.mosinsaram.com/

인 쇄 천일문화사(031-955-8100)
배 본 문화유통북스(031-937-6100)

값은 뒤표지에 있습니다.
ISBN 979-11-88765-23-2 94300
세트 979-11-86502-45-7 94300

이 도서의 국립중앙도서관 출판예정도서목록(CIP)은 서지정보유통지원시스템 홈
페이지(http://seoji.nl.go.kr)와 국가자료공동목록시스템(http://www.nl.go.kr/
kolisnet)에서 이용하실 수 있습니다. (CIP제어번호: CIP2018023429)

이 저서는 2010년 정부(교육과학기술부)의 재원으로 한국연구재단의 지원을 받아
수행된 연구임.(NRF-2010-361-A00017)